SOS MAISON

SOS MAISON

AVANT ET APRÈS

PAR PHILIPPE DEMOUGEOT

Textes Olivier Darmon et Philippe Demougeot

hoëbeke

à adèle ulysse armand et Jalan !

ISBN 10 : 2-84230-255-9
ISBN 13 : 9782-84230-255-9
Dépôt légal : septembre 2006

Mise en pages : Éric Blanchard
Photogravure : Arts graphiques du Centre

Achevé d'imprimer en novembre 2006
sur les presses de Aubin imprimeur
Imprimé en France

Ouvrir ses yeux

Lorsque j'ai accepté de réaliser en tant qu'architecte des SOS Maison pour le magazine TV Question Maison diffusé sur France 5, ma première motivation était de faire passer au public une idée toute simple : en matière d'aménagement intérieur, réfléchissez toujours avant d'en rajouter !
La nature a horreur du vide, dit-on. Et, en effet, la plupart des intérieurs illustrent parfaitement ce principe. Dissimuler, habiller, « décorer » sont des comportements largement partagés. D'ailleurs, lorsqu'un problème fonctionnel survient dans la maison, qui n'est pas tenté d'aller courir les boutiques en quête de LA solution ? Dans la plupart des cas, pourtant, cette solution est « déjà là », dans nos murs, sous notre nez. Je m'en rends compte pratiquement à chaque visite.
On me demande souvent comment se déroulent les petites séquences des SOS Maison. Eh bien voilà, quelques jours avant le tournage, je passe prendre connaissance des lieux et rencontrer leurs occupants. Durant cette visite de deux heures environ, nous arpentons la maison ensemble en discutant à bâtons rompus... Ce moment privilégié constitue la phase capitale de l'intervention. J'écoute beaucoup pour me nourrir de leur expérience des lieux et comprendre leurs attentes. Quant à l'étape du dessin devant la caméra, elle n'a lieu qu'après, durant le tournage, lorsque la solution s'est imposée grâce à l'échange précédent. Sans dialogue, je ne peux rien suggérer. Il n'y a pas de recette miracle, celle qui pourrait s'appliquer indifféremment à un célibataire, à une famille avec des enfants ou à un couple de retraités.

Écouter, observer, permet de comprendre les façons de vivre et d'habiter. Un processus s'enclenche au contact des lieux : Quels sont les vrais besoins ? Et si je déblayais ? Pourquoi ne pas reculer la cloison ici pour trouver la place nécessaire là-bas ? Regardez bien ces intérieurs : leur véritable attrait réside dans leurs perspectives, leurs variations de hauteur et l'éclairage qui les souligne.
Au fil des séquences « SOS Maison », je tente donc de « nettoyer » les lieux, de décimer leurs parasites dans des rangements invisibles, de purger les volumes pour en dévoiler les qualités intrinsèques. Les habitations se soumettent alors aux vœux de leurs occupants et elles deviennent ludiques, modulaires, contemporaines... Pourquoi subir son cadre de vie quand l'œil neuf de l'architecte est là pour l'améliorer !
Je suis convaincu que tout espace de vie peut être révélé. Les quelques exemples réunis ici en témoignent simplement. J'ai voulu enrichir le livre des croquis et des plans utiles à leur réalisation : pour une meilleure compréhension tout d'abord, mais aussi par plaisir car j'adore dessiner. L'essentiel de mon activité reste la conception de bâtiments publics ou privés, mais l'exercice des SOS me procure de grandes satisfactions. Indépendamment de l'échelle des projets, toute la saveur du métier tient essentiellement aux relations humaines qu'il provoque. Et puis, au prix actuel du mètre carré, avouez qu'il est plus sage de tirer profit de son appartement que de déménager !
Alors bonne lecture et à vous de jouer !

Notre bureau dans une pièce aveugle"

L'une des pièces de l'appartement de Serge et Delphine est privée de lumière du jour. Comment rendre agréable cet espace confiné ?

L'étage inférieur de ce duplex abrite les chambres, la salle de bains et une pièce aveugle dont l'aménagement embarrasse le couple. Cet espace sommairement éclairé par quelques spots n'est guère plus hospitalier qu'une cave. Faute d'avoir trouvé un meilleur agencement, il assure d'ailleurs une fonction de buanderie et de remise, hébergeant un chauffe-eau, la machine à laver et une série d'étagères encombrées de dossiers et de cartons. Idéalement, Serge et Delphine souhaiteraient investir cette pièce négligée en y installant un bureau.

L'INTERVENTION

TRAVAILLER LA LUMIÈRE. L'espace buanderie mérite d'être cloisonné en fond de pièce dans un local technique. Il regroupe le chauffe-eau et la machine à laver, tant pour dissimuler ces appareils que pour isoler le lieu des nuisances sonores. Afin de ne pas encombrer le futur bureau, ce local est également utilisé comme surface de stockage : les étagères y seront donc instal-

AVANT

Dépourvue de tout attrait, la pièce abritant le chauffe-eau et la machine à laver est utilisée comme lieu de stockage.

LE PROJET

Faire le vide, organiser et éclairer l'espace, créer une perspective pour rendre le lieu agréable.

lées. La nouvelle cloison du local est en partie constituée de briques de verre. Ce matériau permet de simuler une fenêtre qui sera éclairée depuis l'intérieur du local par un tube de néon fluorescent. Le cloisonnement de la buanderie a fait place nette et nous disposons maintenant d'une source lumineuse dans la pièce à traiter. La pose d'un faux plafond semble nécessaire pour casser son volume austère lui conférant une allure de blockhaus. Cet élément, implanté sur les deux tiers de la surface du plafond, est mis à profit pour élaborer un éclairage direct et indirect modulant l'espace. Les spots orientables encastrés vont générer des points lumineux ponctuels, tandis que le néon dissimulé dans une corniche produira une luminosité proche de la lumière du jour. L'application d'une peinture lilas-parme sur l'un des murs complète l'intervention, elle concourt à l'ambiance chaleureuse souhaitée pour cette pièce négligée qui a maintenant trouvé sa fonction.

Détail de la corniche lumineuse créée dans une gorge du faux plafond et de la réglette fixée sur la cloison du local. La combinaison des installations verticales et horizontales de tubes fluorescents supplée l'absence de lumière du jour.

Le chauffe-eau et les étagères disparaissent derrière une cloison en partie réalisée en briques de verre. Complété par un fluo, le dispositif simule une fenêtre.

POUR UNE PIÈCE AVEUGLE AGRÉABLE

La conception des volumes et de l'éclairage est déterminante. Il faut donc veiller à multiplier les sources de lumière artificielle en diversifiant leur type et leur situation dans la pièce. Prévoir un éclairage horizontal (installé au mur) et un éclairage vertical (au plafond) permettra de jouer avec la lumière directe de spots basse tension et l'éclairage indirect produit par la création de corniches lumineuses équipées de tubes fluorescents. La lumière dirigée des spots permet de lire et de mettre des objets en valeur tandis que la lumière générale offre une sensation plus globale de confort. En termes de volumes, le travail sur une pièce aveugle soutient celui sur la lumière artificielle. La création d'un faux plafond autorise celle d'une corniche lumineuse. L'installation d'une cloison de briques de verre, ou tout autre matériau translucide, permet de simuler une fenêtre, un procédé éprouvé du décor de théâtre.

La « fenêtre », le volume du faux plafond et la multiplication des sources lumineuses ont gommé le caractère étouffant du lieu.

Les toilettes donnent dans le salon”

Cet agréable trois-pièces de 75 m² convient parfaitement à Géraldine et à son compagnon qui disposent d'un bureau, d'une chambre et d'un séjour clair et spacieux ouvert sur un balcon. En revanche, la situation des toilettes, dont la porte ouvre directement sur la partie salon de la pièce à vivre, leur pose problème. Ils aimeraient pouvoir installer le sanitaire dans une partie plus privative de l'appartement. Comment opérer ?

L'INTERVENTION

TRANSPLANTER LE SANITAIRE. La situation inélégante de ces toilettes dans le séjour mérite en effet d'être corrigée. Compte tenu de l'agencement de l'appartement, ce local gagnerait à être transformé en placard. Le sanitaire peut aisément être déplacé de l'autre côté de la cloison, dans la salle de bains, à la place de la baignoire. Mais cette intervention exige de supprimer la baignoire au profit d'une douche. Faute d'espace, celle-ci

AVANT

Suite à un décloisonnement de l'entrée, toilettes et salon sont devenus mitoyens.

LE PROJET

Remodeler l'ensemble des cloisons du dégagement pour déplacer les toilettes vers la salle de bains.

sera installée dans le couloir mitoyen desservant également les chambres. Pour mener à bien l'opération, il est impératif de libérer une partie de ce dégagement en réduisant la surface allouée à un placard dissimulant le ballon d'eau chaude. Il est nécessaire également de déplaçer la porte d'entrée de la future salle de douche. Dans cette nouvelle configuration, le receveur de la douche occupe le fond du couloir. Jusqu'à hauteur d'1,10 m, il est cloisonné en carreaux de plâtre classiquement revêtus de carrelage mais, au-dessus, sa cloison est constituée de panneaux de verre translucide. Ils brouillent la vue, préservant ainsi l'intimité, mais ils laissent passer la lumière, ce qui contribue à aérer ce dégagement dont la surface est plus réduite qu'auparavant. En revanche, cette transplantation a permis de repousser de 40 cm la paroi qui, dans le séjour, recevait les toilettes. L'espace de vie est désormais plus grand.

Le dégagement vu du salon. La porte qui ouvrait sur les toilettes dissimule maintenant un placard.

Dans la salle de bains, à droite du meuble lavabo, les toilettes occupent la place de la baignoire supprimée.

Détail des parois translucides de la douche qui laissent passer la lumière tout en bloquant la vue.

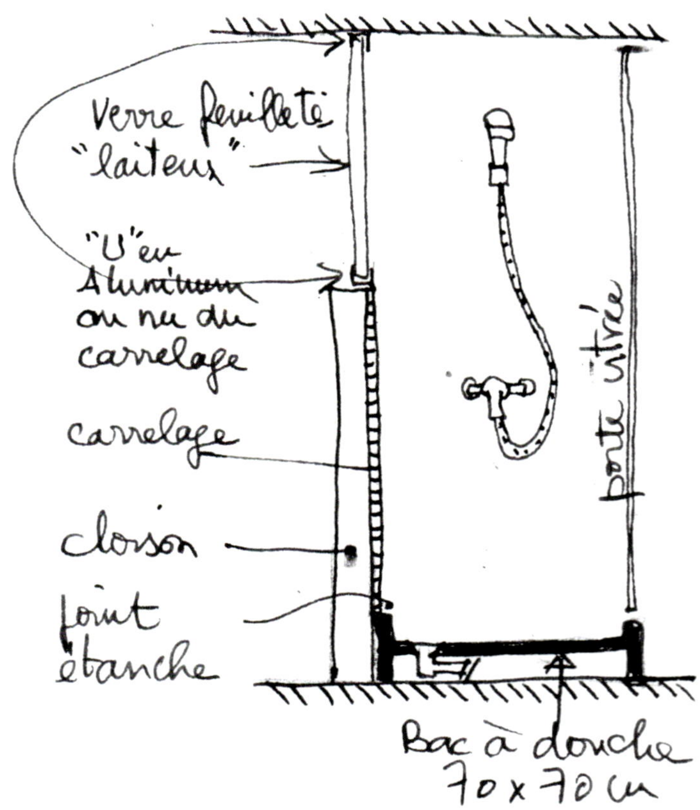

Les parois de la douche créent une animation lumineuse dans le couloir.

Où caser mon bureau ?"

Jusqu'à présent, Johann avait installé son bureau dans une chambre inutilisée de l'appartement. Mais le couple attendant un heureux événement, le futur papa doit maintenant libérer cette pièce destinée à devenir la chambre du nouveau-né. Bien qu'il ne travaille qu'épisodiquement à son domicile, Johann souhaite néanmoins bénéficier d'un espace où il puisse utiliser son ordinateur et ranger ses dossiers. Où implanter son futur bureau ? Le renfoncement en soupente situé dans l'entrée lui apparaît comme un emplacement possible.

L'INTERVENTION

UNE ARMOIRE-BUREAU. L'endroit où Johann envisage d'installer son bureau risque de s'avérer un peu étouffant à l'usage, car étriqué et privé de lumière du jour. En revanche, intégrer ce recoin au séjour mitoyen permet d'augmenter sensiblement la surface dédiée à la salle à manger. Pour ce faire, la suppression indispensable de la cloison séparant l'entrée du séjour apporte une nouvelle dimension à la pièce à vivre. Elle peut

AVANT
L'entrée cloisonnée réduit considérablement l'espace repas.

LE PROJET

La suppression de la cloison de l'entrée permet d'agrandir l'espace salle à manger d'un renfoncement en soupente inutilisé. Une fois effectuée, cette opération autorise l'implantation d'un grand meuble assurant plusieurs fonctions.

maintenant accueillir le bureau moyennant l'aménagement d'un meuble structurant l'espace. Cet élément disposé le long de la cloison faisant face à la salle à manger assure plusieurs fonctions. En son centre, l'espace bureau dissimulé derrière deux portes est suffisamment spacieux pour recevoir un plateau de travail et deux rangées d'étagères. À gauche, côté entrée, sa profondeur (80 cm) est mise à profit pour créer une penderie à portes coulissantes. À droite, côté salon, l'ouverture d'une niche d'angle et de deux niches carrées faisant bibliothèques contribue à l'intégration du meuble dans la pièce en procurant de nouveaux rangements. L'implantation de l'espace bureau de Johann dans le séjour plutôt que dans l'entrée lui permet de bénéficier de la lumière du jour. Cette intervention présente aussi l'avantage d'occulter totalement l'espace de travail lorsqu'il n'est pas utilisé. Enfin, La disposition du meuble assure également un rôle de cloison, dissimulant la vue de la porte palière depuis le salon. Afin de dynamiser la pièce, l'ensemble de l'entrée est repeint en rouge bordeaux.

Les portes fermées, le bureau disparaît. Une fois ouvertes, elles révèlent un espace de travail confortable, équipé d'un plateau en verre de 110 x 50 cm.

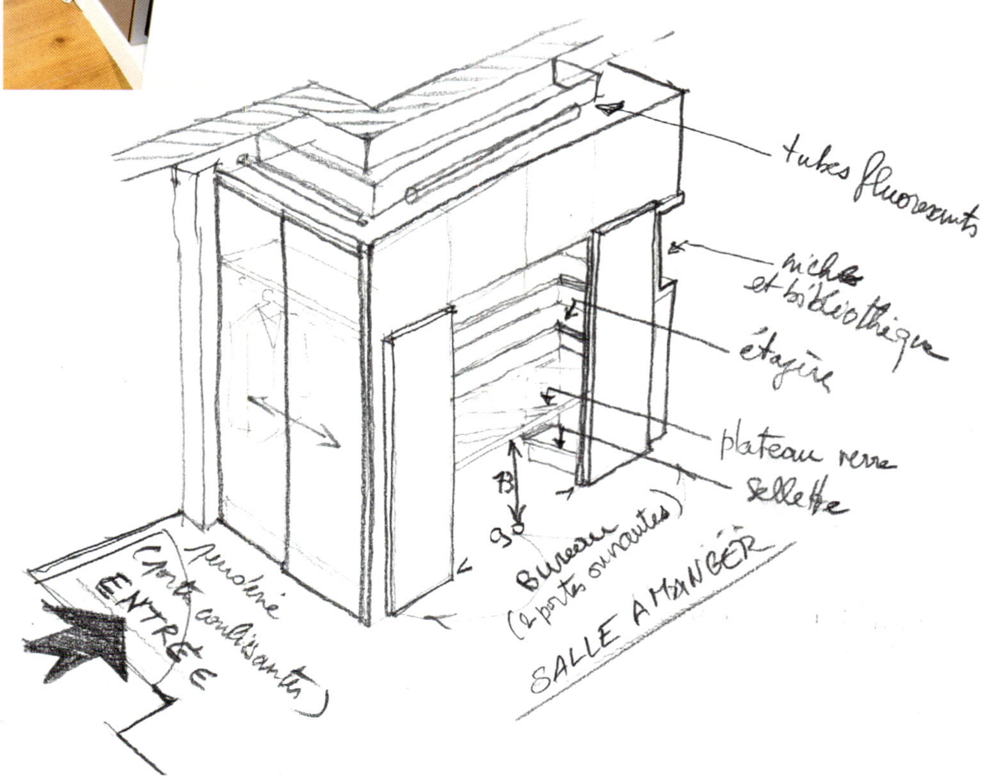

LA PLACE DE L'ORDINATEUR

Avec le developpement des nouvelles technologies, l'ordinateur tend à occuper une place croissante dans la maison. Au-delà de l'usage d'Internet, ses fonctions audiovisuelles multiples (photo, télévision, musique ou cinéma) justifient pleinement sa place dans le salon. Il convient donc de lui trouver l'emplacement approprié en profitant des possibilités offertes par les progrès en cours comme la technologie Wi-Fi qui libère l'ordinateur de la contrainte des fils et des prises réseau. On peut ainsi, entre autres, profiter d'un sous-escalier mal utilisé ou d'une penderie encastrée existante pour agencer un coin ordinateur.

Côté salon, l'élément est percé de plusieurs niches afin de gommer sa profondeur.

Côté entrée, le meuble abrite une penderie.

Côté séjour, la grande profondeur de l'élément assure une fonction de paravent, protégeant la vue sur le salon depuis l'entrée, et vice versa.

La mise en couleur de l'entrée contraste avec le séjour. Elle permet aussi d'occulter la porte des toilettes. Les portes fermées, l'espace bureau disparaît comme par magie !

“La pièce où personne ne va”

Dans cet appartement de 73 m^2, l’une des trois pièces est délaissée. Aveugle et située en bout de couloir, elle n’a aucun attrait. Comment y remédier ? L’appartement que Géraldine et Olivier viennent d’acquérir est agréable, si ce n’est cette pièce particulièrement mal lotie dont ils ne savent que faire. Ne bénéficiant d’aucune fenêtre, elle n’a pas trouvé de destination précise. Faute de mieux, elle abrite donc un peu tout, notamment ce qui n’a pu être installé ailleurs : des archives, quelques casiers à bouteilles et même un bureau où personne n’a envie de s’installer. De plus, cette pièce décidément peu avantagée se trouve exilée à l’extrémité d’un long couloir prolongeant l’entrée. Elle est à ce point dissociée du lieu qu’elle semble condamnée à rester un no man’s land.

AVANT

Au fond du couloir, une pièce perdue utilisée comme remise.

LE PROJET

Établir un lien entre le long couloir de l'entrée, la pièce aveugle – au fond, à gauche – et le dégagement menant au séjour.

L'INTERVENTION

CRÉER UNE PERSPECTIVE. Afin de désenclaver la pièce, sa porte a d'abord été supprimée. Puis le fond du couloir a été habillé de façon à produire une échappée visuelle. La solution adoptée ici réside dans l'installation d'un agrandissement photographique de grande dimension. Toute hauteur et excédant la largeur du panneau à recouvrir, l'image qui se prolonge au-delà de la porte, dont l'imposte a été supprimée, incite naturellement à rejoindre la pièce. Visible dès l'entrée, cette photographie rétro-éclairée génère une source lumineuse qui appelle le regard, anime le couloir et l'ensemble du vestibule. L'aménagement d'une grande bibliothèque dans la pièce aveugle a permis de lui conférer la fonction qui lui manquait en renforçant son usage. La mise en couleur d'un mur du couloir et la suppression d'un angle en arête au profit d'un arrondi contribuent également à l'intégration de cette pièce isolée dans l'appartement.

Une fois arrondi, l'angle de la cloison couloir-séjour dégage l'espace en organisant une circulation plus fluide.

La bibliothèque installée à l'entrée de la pièce aveugle crée un lien avec le couloir qu'elle prolonge.

La pièce aveugle est mise en perspective.

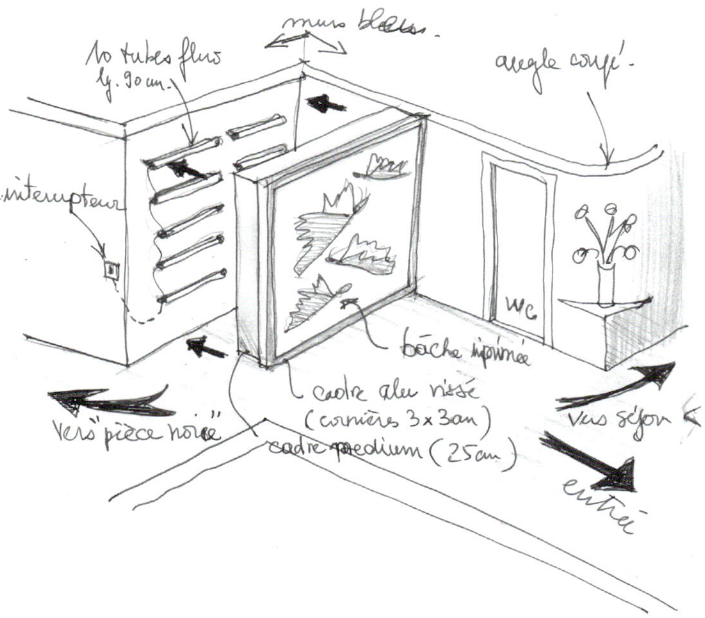

UNE IMAGE RÉTRO-ÉCLAIRÉE

Ce principe qui permet de créer une animation visuelle et un panneau diffusant une lumière indirecte est d’une mise en œuvre relativement simple. Il suppose de prévoir l’installation au mur de plusieurs tubes fluorescents, dix dans ce cas de figure composant un panneau de 200 x 200 cm, puis de construire un cadre de bois à fixer sur la paroi. Veiller à ce qu’il soit amovible afin de remplacer aisément les tubes en cas de besoin. Compte tenu de la dimension de l’agrandissement, il est conseillé de s’assurer de la bonne définition de la photographie choisie. De nombreux laboratoires professionnels sont désormais équipés pour imprimer en grand format des images sur divers supports à partir d’un fichier numérique. Nous avons opté pour une bâche ignifugée, ici agrafée sur le cadre de bois.

En modifiant l’échelle, le choix d’une prise de vue macro, ici des ailes de papillon, atténue la sensation de couloir.

“Notre chambre est dans le passage”

Suite à un décloisonnement de l'espace, la chambre de Caroline est devenu un lieu de passage. Comment lui conférer une intimité ?

Caroline et son époux ont aménagé un ancien atelier de confection en habitation. L'ensemble du lieu est décloisonné, y compris à l'étage où se situe leur chambre. Mais cette vaste pièce où débouche l'escalier dessert aussi un bureau, le dressing et la salle de bains. Son implantation dans un passage fréquenté interdit pour l'instant toute intimité. De plus, son aménagement fonctionnel, mais neutre, ne contribue en rien à l'ambiance attendue d'une chambre. Partisan des espaces ouverts, le couple souhaite privilégier une solution qui évite tout cloisonnement afin de profiter de la totalité du volume.

AVANT

La chambre décloisonnée se retrouve dans une zone de circulation comprenant le palier et les portes desservant la salle de bains et un bureau.

L'INTERVENTION

UN LIT MULTIFONCTIONS. Premier constat : la situation du lit, poussé contre la cloison droite, accentue la promiscuité de la chambre. Dans cette configuration en effet, la vue qui s'offre depuis le lit embrasse toute la zone de circulation. Il serait donc plus judicieux de l'orienter face aux fenêtres afin qu'il

LE PROJET

Mettre le lit en scène, le protéger de la vue depuis le passage et créer de nouveaux rangements.

tourne le dos à l'escalier et aux portes desservant le bureau et la salle de bains. De plus, la surface du lieu, importante, nous invite ici à installer le lit au milieu de la pièce. Procéder de la sorte autorise la conception d'un grand bois de lit qui permettra de structurer l'espace. D'une largeur confortable, cet élément va assurer plusieurs fonctions. Côté chambre, il est percé d'une niche pour poser livres et bibelots et, côté passage, il comprend plusieurs placards. Quant à sa hauteur supérieure à 1 m, elle joue un rôle de demi-cloison, occultant totalement la vue du lit depuis la zone de circulation. L'intervention est complétée par la création d'un banc installé au dos du lit. Il dissimule lui aussi des rangements et contribue à séparer la chambre du passage. La pose d'un rideau entre ces deux éléments renforce le dispositif. Une fois fermé, il isole complètement l'espace nuit et lui confère l'intimité voulue.

Vue de la chambre depuis le palier dans l'axe de la porte de la salle de bains : le lit n'est plus visible.

Les rangements de la tête de lit et du banc-dressing.

LE DRESSING

Pourvue qu'elle ne soit pas minuscule, cette pièce de stockage peut aussi devenir un lieu de vie. Un dressing fonctionnel attribue à chaque type de vêtement une place déterminée : étagères pour les pulls et T-shirts pliés, tiroirs pour les sous-vêtements, placard pour les chaussures (qui par souci d'hygiène reposeront plutôt sur des barres que sur des étagères) et, bien entendu, un espace penderie. Cet élément clé mérite qu'on lui accorde une place importante car il est très sollicité. Pour composer rapidement une tenue, il est toujours plus pratique d'avoir sous ses yeux des vêtements suspendus plutôt que pliés. Le dressing gagne à être équipé d'un miroir en pied et d'un éclairage efficace proche de la lumière du jour, apte à restituer les couleurs fidèlement. À conseiller : une grande étagère en partie haute pour poser les bagages ou ranger les tenues spécifiques à une saison et un plan de travail pour plier et trier les vêtements. Pour un minimum de confort, éviter les sols froids de type carrelage.

"Notre chambre est dans le passage

Épousant l'ancienne cloison, le rideau permet d'isoler la chambre du passage.

Dans le prolongement du palier, le placard existant du dressing reflète la lumière du jour dans le passage.

Notre chambre est dans le passage”

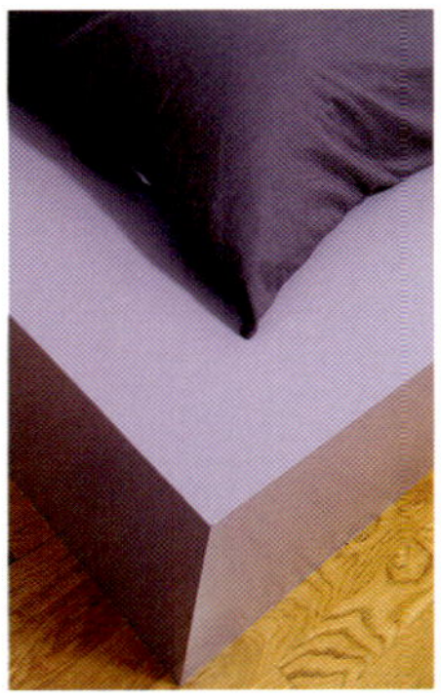

Le cadre du lit fabriqué en médium reçoit un sommier à lattes de 180 x 200 cm.

La tête de lit et ses trois niches intégrant prises de courant et interrupteurs.

L'espace chambre tournant le dos au passage a retrouvé une intimité.

J'aimerais une ambiance zen"

Hédia ne trouve aucun charme à son salon fraîchement repeint en blanc et sable. Elle souhaite, en revanche, conserver le caractère dépouillé de cette surface intentionnellement peu meublée, mais en lui insufflant une atmosphère plus chaleureuse, un esprit zen et naturel. Situées de part et d'autre d'une cloison du séjour, les deux portes d'accès à sa cuisine perturbent cette intention.

AVANT

Un espace lumineux mais sans personnalité : une grosse boîte blanche...

LE PROJET

Créer une ambiance en personnalisant les murs.

L'INTERVENTION

EFFACER LES MURS. Avec deux fenêtres d'un côté et deux portes ouvrant sur la cuisine de l'autre, la pièce est pénalisée par des échappées visuelles gênant l'effet souhaité. Les murs seront masqués par des panneaux coulissants de toile écrue. Ceux-ci modulent la lumière de telle sorte que le volume de la pièce semble nimbée d'une ambiance irréelle. La teinte marron glacé du soubassement matérialise l'espace salon proprement dit. Celui-ci se distingue également par une série de photographies disposées en frise. Le choix des images – des jardins japonais – tout comme les stickers collés sur les portes – des pousses de bambous – soutiennent l'ambiance apaisante recherchée. Le mobilier est conservé, mais il est complété par quatre bancs ethniques au sol dont l'inspiration japonaise conforte la sensation de sérénité qui émane désormais du séjour.

L'espace repas est traité avec des panneaux de toile coulissant dissimulant la fenêtre et l'accès à la cuisine.

Les stickers et les photos de l'artiste Fleur de Kookyse animent l'espace salon.

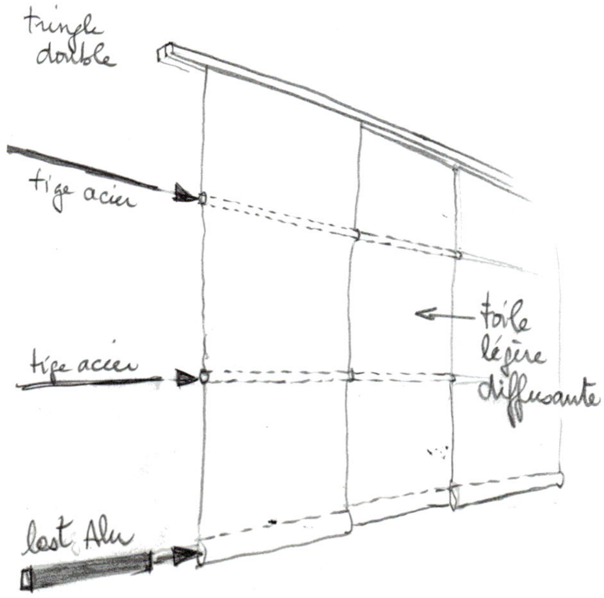

Côté salle à manger, les parois coulissantes créent une animation verticale à laquelle répond l'animation horizontale du salon, le soubassement peint et la frise de photographies.

LES PAROIS JAPONAISES

Ces panneaux installés sur rails fixés au plafond permettent de jouer avec les perspectives, de les exploiter tout en les dissimulant. Ils assurent une fonction de rideau, mais peuvent également, dans certains cas, remplacer une porte. Ici, les accès à l'entrée et la cuisine. Pour une question de tenue, les étoffes trop souples sont à proscrire. En revanche, la toile ou un textile enduit convient parfaitement. Ce dispositif – qui maintient le tissu par une baguette coulissante dans sa partie haute, le leste dans sa partie inférieure et est équipé de raidisseurs intermédiaires – procure un tombé parfait. Il contribue à feutrer l'acoustique d'une pièce.

Réunir le séjour et la salle à manger”

La cloison qui divise la pièce à vivre de Clément comprend sur ses deux faces plusieurs rangements et placards. À l’usage, cet agencement ne s’avère ni esthétique ni pratique, car cette installation entrave l’espace salle à manger. Clément souhaiterait donc supprimer cette cloison, mais en procédant ainsi, il devra répartir ailleurs ce qu’il y stockait. Comment optimiser son nouvel espace ?

L’INTERVENTION

CONCENTRER LES RANGEMENTS. Une fois la cloison abattue on découvre une pièce vaste, mais encombrée, dans sa partie salon, de nombreux éléments disparates : une bibliothèque, des étagères, une télévision, une table d’ordinateur et un caisson de tiroirs. Ces équipements vont être concentrés en deux zones, dans deux meubles de rangement créés de part

AVANT

Le reliquat de cloison séparant la salle à manger du séjour a créé un îlot de rangement chaotique au beau milieu de la pièce.

LE PROJET

Libérer le centre du séjour et concentrer les rangements contre les murs.

et d'autre de la cheminée. Celui de droite recevra l'ordinateur et sa table, tandis que la télévision trouvera sa place à gauche. En procédant ainsi, l'espace est libéré, tout a disparu derrière les portes vitrées translucides des placards. Du côté salle à manger, la suppression de la cloison laisse le coin cuisine un peu isolé dans le séjour. Afin de l'intégrer parfaitement au lieu, il est prolongé par un meuble de rangement et une bibliothèque. Cette pièce à vivre contient maintenant davantage de rangements qu'auparavant et elle semble néanmoins beaucoup plus spacieuse. La lumière indirecte émanant des néons dissimulés dans les placards lui apporte une touche high-tech.

Côté salon, deux rangements encadrent la cheminée.

Création d'une bibliothèque dans le prolongement du garde-manger.

Un grand placard vient compléter l'agencement de la cuisine.

La salle à manger vue du salon.

Le rétro-éclairage suggère l'utilisation high-tech des placards. L'élément de gauche accueillant le téléviseur et ses lecteurs est câblé avec l'ordinateur.

LE PLACARD COMME ÉLÉMENT DE DÉCORATION

Créer un placard ne signifie pas nécessairement obturer un endroit. Quel que soit le type de portes envisagé (ouvrantes, coulissantes ou pliantes, comme ici), le choix d'une façade translucide est à considérer. Réalisée avec un produit verrier ou dans un matériau de synthèse, elle permet de créer à bon compte une source lumineuse supplémentaire. Il suffit de prévoir une arrivée d'électricité pour y relier dans le placard une réglette et son tube fluorescent. Diffusée par la paroi translucide, cette lumière indirecte procure une touche décorative assez spectaculaire en nimbant la pièce d'un voile lumineux chaleureux. Les tubes fluorescents, pour certains disponibles en plusieurs coloris, peuvent être installés sur variateur.

Détail de la porte pliante rétro-éclairée.

Les rangements participent pleinement à l'ambiance du salon.

Les rangements sont à repenser”

Dans la pièce à vivre, la juxtaposition des divers rangements engendre une impression d'inachevé. Comment élaborer une unité ?

Monica n'est pas satisfaite des éléments de rangement constituant son séjour. Sans caractère et manquant de fonctionnalité, ils s'avèrent aussi cruellement insuffisants. Ainsi, dans la bibliothèque disposée contre la cloison mitoyenne de la cuisine, les bibelots et les livres doivent-ils côtoyer, faute de place, toute une série de classeurs et de dossiers administratifs. Il en résulte un aspect chaotique, renforcé par la présence contiguë d'un meuble de télévision abritant aussi un magnétoscope et une chaîne hi-fi. Cet agencement « en ligne » nuit à l'ambiance générale de la pièce qui semble un tantinet fouillis.

L'INTERVENTION

DISSIMULER LES RANGEMENTS. Le séjour séparé de l'entrée par une porte mérite d'être ouvert sur le vestibule. Supprimer cette porte et son imposte, puis modifier l'angle de la cloison en lui substituant un pan coupé faisant sellette permet d'amplifier sensiblement la perspective de la pièce. Cette opération

AVANT

Le désordre de l'imposante bibliothèque trouble le salon.

LE PROJET

Créer davantage de rangements tout en libérant la surface du mur.

libère aussi l'accès au mur situé derrière la table de salle à manger. C'est ici, en fond de séjour, qu'il apparaît judicieux de concentrer les rangements : au mur, plusieurs étagères indépendantes pour disposer les livres et, au sol, un long élément bas clos par des portes destiné à recevoir tous les dossiers. En procédant ainsi, on peut désormais supprimer l'imposante bibliothèque inadaptée au lieu. Il reste à résoudre le cas de la table de télévision installée contre la cloison de la cuisine mitoyenne. Pour faire place nette, percer cette cloison pour y encastrer un caisson s'avère la solution la plus efficace. Le procédé crée une niche qui peut accueillir l'ensemble des appareils audiovisuels. Côté salon, cette niche est fermée par des portes coulissantes translucides dissimulant l'installation. Seul subsiste l'écran plat qui a été fixé au mur. Côté cuisine, la face arrière du caisson est utilisée comme étagère. L'intervention a modifié radicalement l'ambiance du séjour. Le mur dégagé des rangements favorise la circulation de la lumière, la sensation d'espace est accrue.

Dans la cuisine, le caisson de la niche repose sur un élément bas.

Tronqué par une sellette, l'angle ouvre une perspective sur le séjour.

DISSIMULER LES ÉQUIPEMENTS AUDIOVISUELS

Les appareils audiovisuels et leur cohorte de câbles, rallonges et autres multiprises occupent un volume suffisamment important pour être masqués. Le principe de la niche peut offrir une solution esthétique à cette question. Mais puisque l'intervention suppose d'empiéter ce volume sur la pièce adjacente, elle doit aussi régler son intégration dans cette pièce. C'est pourquoi il est préférable de décider d'une telle opération avant tout aménagement. Dans la cuisine de Monica, le caisson qui reste apparent fait office d'étagère. Il repose sur un meuble existant. En agissant plus en amont, sans doute aurait-il pu être intégré dans un placard.

L’espace est plus fluide et les rangements plus nombreux.

“Plus d’intimité, c’est possible ?”

Nathalie et sa fille Clémence partagent un appartement de 35 m². Chacune souhaiterait cependant disposer d’un peu d’intimité. Comment y parvenir ? L’unique pièce de l’appartement de Nathalie est contrainte d’assurer une triple fonction. Elle doit accueillir une partie séjour, mais recevoir aussi les espaces chambre de la mère et de sa fille. La solution adoptée n’est pas convaincante car leurs lits sont pratiquement côte à côte, séparés sommairement par des étagères et un rideau.

AVANT

L’entrée, les lits de Nathalie et de Clémence séparés par des étagères et un rideau et, dans le prolongement, un petit coin salon.

LE PROJET

Création d'un meuble de rangement isolant les deux espaces.

L'INTERVENTION

UN MEUBLE DE RANGEMENT OCCULTANT. La distribution de la pièce n'est pas modifiée, mais les étagères sont remplacées par un meuble clos comprenant une porte coulissante afin d'isoler les deux lits de façon plus radicale. Du côté chambre de Nathalie, le meuble est composé de plusieurs placards et d'une niche qui fait office de table de chevet permettant de poser quelques livres et un réveille-matin. De l'autre côté, dans la chambre de Clémence, cet élément abrite une penderie. Tous les rangements installés le long du mur faisant face à ces deux lits sont supprimés. Ils sont remplacés par un élément haut qui libère la surface au sol et autorise l'installation d'une petite table à manger. Une fois la porte coulissante fermée, chacune est maintenant chez soi et bénéficie de l'intimité qui lui manquait.

La porte coulissante, qui vient se glisser entre les caissons suspendus équipés de spots halogène, offre à chaque chambre son propre espace de rangement.

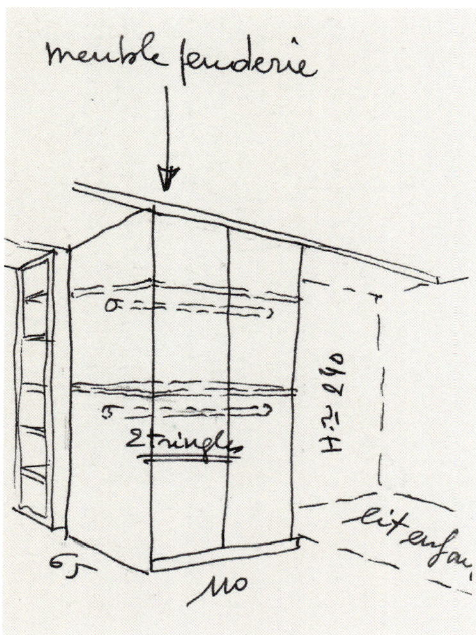

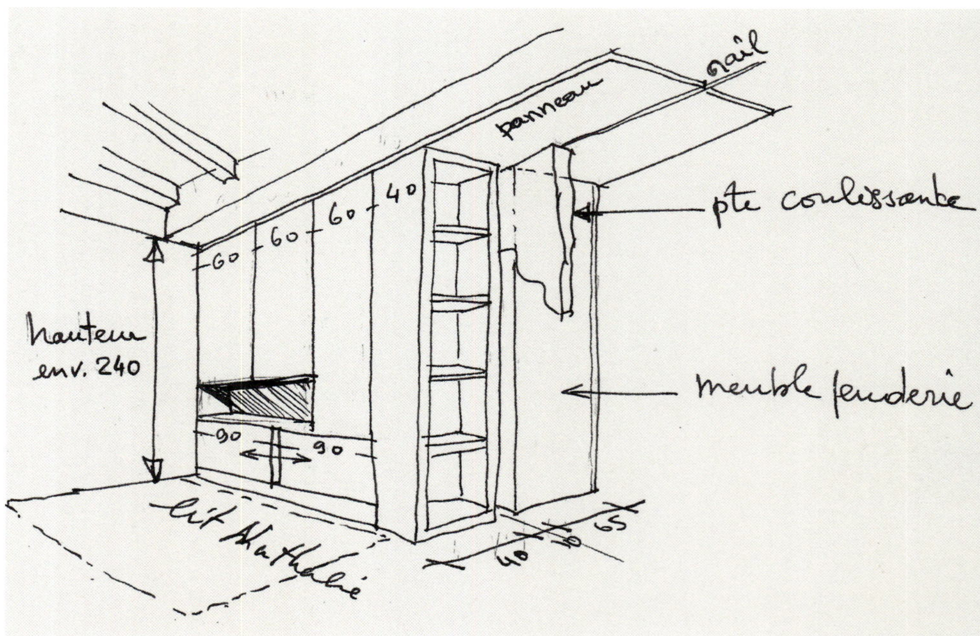

Côté Clémence, le meuble est agencé en penderie.

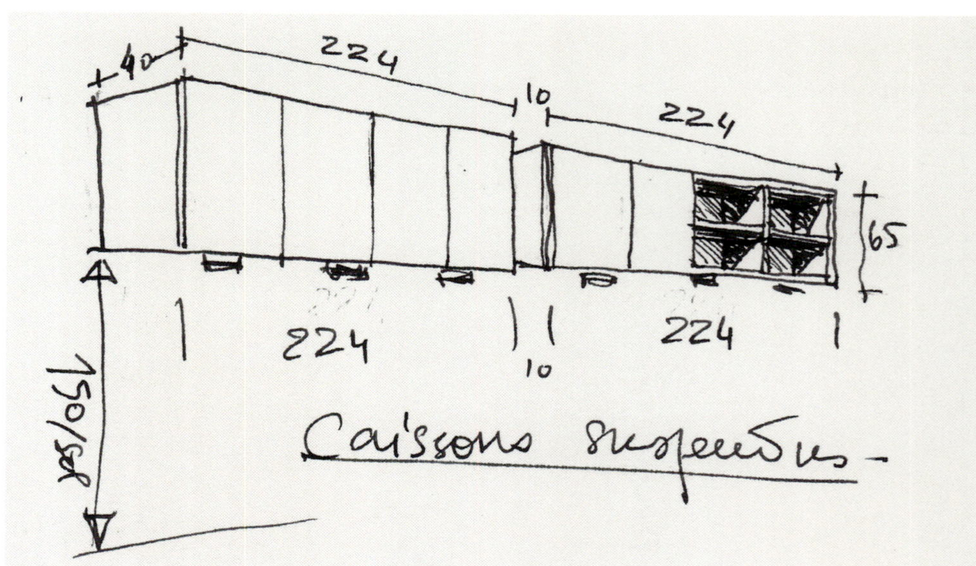

L'installation de caissons suspendus a dégagé l'espace au sol.

Une fois fermée, la porte sépare hermétiquement la chambre de Clémence de celle de sa mère.

Faites-moi sauter ces cloisons !”

Isabelle a acquis un pavillon dont l'agencement vieillot lui déplaît. Elle rêve d'un esprit loft dans son séjour. Comment l'obtenir ? En achetant sa maison, Isabelle a hérité de la décoration de ses anciens propriétaires, un couple de retraités. Du carrelage campagnard aux poutres décoratives en polystyrène en passant par le bar rehaussé de panneaux de bois sombre, l'ambiance du lieu ne lui convient pas. Elle la juge désuète, rustique et quelque peu étouffante. Elle souhaiterait un lieu plus sobre et plus fluide.

L'INTERVENTION

DÉCLOISONNER L'ESPACE. Qui dit loft suppose un espace ouvert et dépouillé, aussi est-il indispensable d'abattre la quasi-totalité des cloisons pour obtenir l'effet souhaité. Celles du séjour avaient déjà été ouvertes par les occupants précédents, mais en partie seulement. Il faudra les supprimer complète-

AVANT
Au rez-de-chaussée, une profusion de portes et de cloisons typique des pavillons.

LE PROJET

Supprimer l'ensemble des cloisons...

ment, en prenant soin toutefois de veiller à renforcer les points de soutènement. Côté couloir, la même opération est nécessaire. D'une façon générale, l'ensemble des éléments décoratifs (fausses poutres, moulures, habillage du bar) doivent aussi disparaître. Au final, il reste un volume pur et spacieux dont les différentes fonctions – salle à manger, salon – seront marquées non plus par les cloisons, mais par la nature des sols. Le parquet est traité comme un tapis. Les murs sont peints en blanc-gris et le carrelage rustique en crème, avec une peinture spéciale qui s'apparente aux revêtements synthétiques utilisés dans les parkings. Ces tons lumineux mettent en valeur le mobilier d'Isabelle. Ils concourent aussi à amplifier la sensation d'espace. Une partie du couloir étant désormais intégrée au salon, la surface allouée à la pièce à vivre devient plus importante.

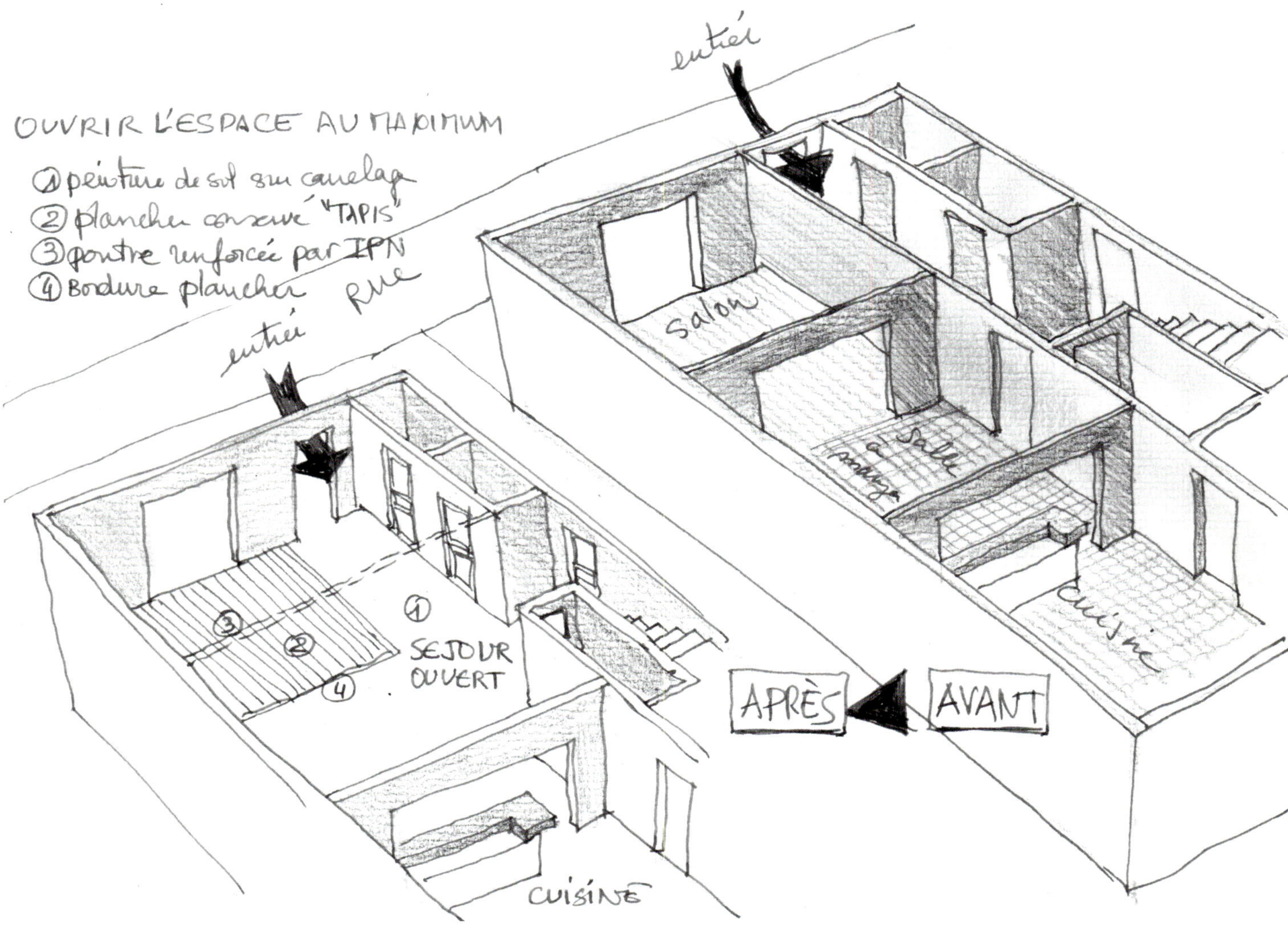

Croquis axonométrique du projet.

Le décloisonnement du couloir crée de nouvelles perspectives.

Le parquet d'origine et les deux portes auparavant masquées par le couloir rappellent l'histoire du lieu.

RÉFLÉCHIR AVANT DE DÉCLOISONNER

L'opération va inévitablement révéler des vues auparavant cachées aussi est-il conseiller d'anticiper. Selon les cas, le décloisonnement dévoile une porte d'accès aux toilettes, un escalier, une entrée... Autant d'éléments à prendre en compte. La porte d'entrée exigera peut-être une meilleure isolation, l'accès à l'escalier méritera d'être dissimulé ou, au contraire, mis en valeur. Décloisonner une pièce suppose donc souvent des interventions connexes pour parvenir à une unité satisfaisante. Dans ce cas précis, les sols ont été conservés mais réaliser des raccords s'est avéré nécessaire pour masquer l'emplacement des anciennes cloisons. Les divers carrelages posés dans l'entrée, le couloir, la cuisine ou le séjour ont été unifiés par une peinture blanche. Elle met en valeur l'ancien parquet du salon traité comme un tapis.

Le plancher traité comme un tapis de sol délimite l'espace salon.

La cloison porteuse a été renforcée par une poutre coffrée en acier.

Née de la réunion de la salle à manger et du salon, la pièce à vivre qui se déploie dans l'axe du comptoir de la cuisine est désormais très lumineuse.

Une chambre de princesse”

Sylvie et son époux attendent une petite fille. Ils souhaitent transformer une chambre d'amis en chambre de princesse. Comment y parvenir ?

Avec son grand lit, sa table et son placard, la chambre d'amis que le couple destine à son enfant est une pièce fonctionnelle. Mais sa peinture blanche et son aménagement minimal en font également un lieu sans âme. Son ambiance froide, impersonnelle, ne correspond pas à l'atmosphère attendue d'une chambre de nouveau-né, un cocon protecteur, ludique et chaleureux.

L'INTERVENTION

RÉCHAUFFER L'AMBIANCE. La distribution de la pièce n'est pas modifiée. Son lit est supprimé, mais le petit bureau, en revanche, peut être conservé. Customisé par l'adjonction d'un caisson à étagères, il fera une table à langer originale et pratique. Repeindre la chambre est impératif. Nous avons opté pour une tonalité à la fois dynamique et cosy, un brique mis en œuvre dans une qualité d'enduit nacré. Ses microreliefs modu-

AVANT

Une pièce neutre, chambre d'ami et atelier de peinture occasionnel.

LE PROJET

Créer un cocon fonctionnel et douillet.

lent la lumière et animent la surface des murs. Le voilage écru qui est installé sur une moitié du plafond retombe sur l'intégralité du pan de mur longeant le berceau. Au pied de celui-ci, la pose d'un néon « lumière du jour » permet d'utiliser les plissés du voilage comme diffuseur. Cette source lumineuse filtrée par la trame du tissu acquiert une grande douceur. Au plafond, les deux spots directionnels situés au-dessus de l'espace couchage sont déplacés vers la table à langer, leur intensité perturbant l'ambiance rassérénante recherchée. L'un des panneaux du placard est revêtu d'un miroir afin d'augmenter visuellement le volume. L'atmosphère obtenue, tendre, confortable et douillette, correspond bien maintenant à une chambre de nouveau-né.

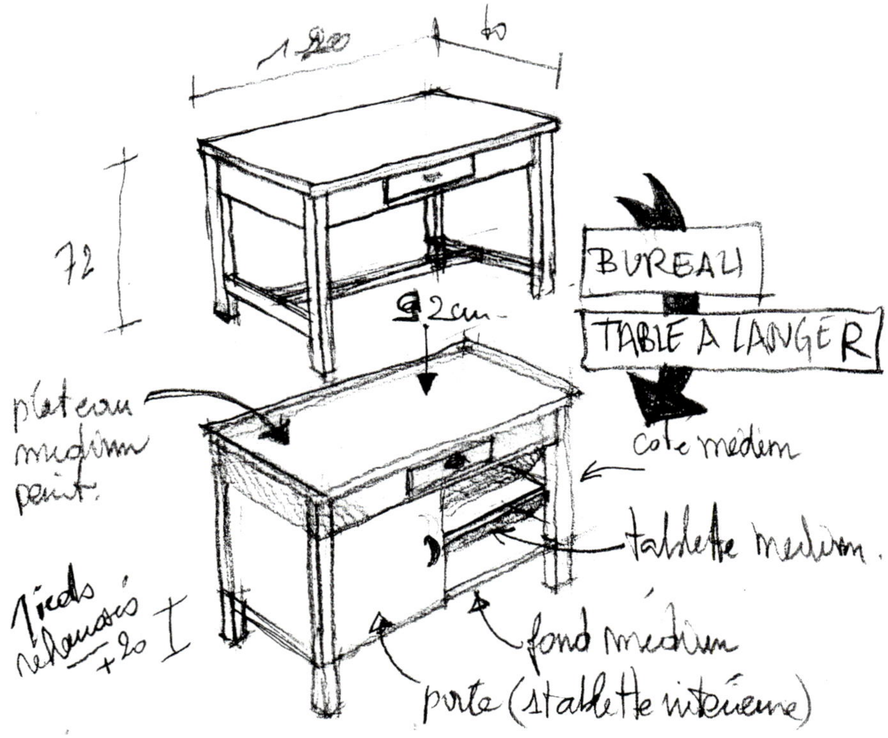

Métamorphose de l'ancien bureau en table à langer fonctionnelle.

Un ciel de berceau étoilé pour la petite princesse.

Croquis de montage du dais et de la corniche lumineuse.

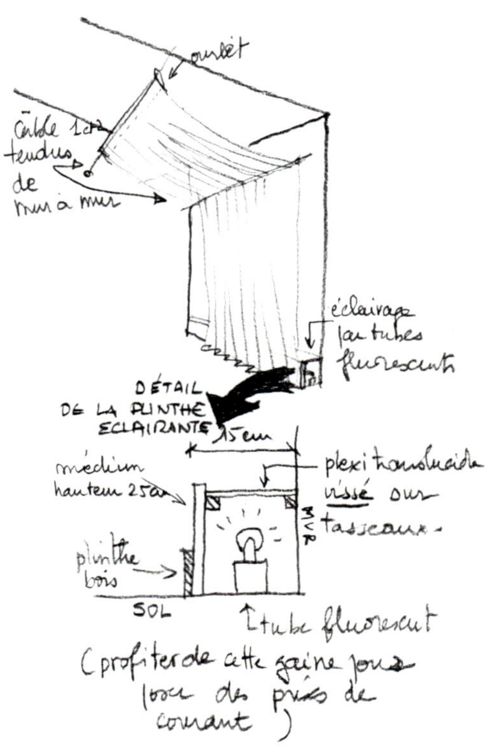

LE B.A.-BA D'UNE CHAMBRE DE BÉBÉ

Le nouveau-né passant de longs moments allongé dans son berceau, le traitement de cette zone est à soigner en priorité.

Éviter tout éclairage éblouissant dans l'environnement du lit et particulièrement au plafond. Privilégier une lumière indirecte ou très douce comme celle émanant des guirlandes lumineuses.

En revanche, choisir un éclairage performant pour la zone table à langer pour procéder correctement à la toilette de l'enfant. Installer l'éclairage sur variateur afin de pouvoir moduler la lumière, notamment au moment du coucher où une pénombre rassure l'enfant. Opter pour les voilages et tapis, traités anti-acariens de préférence.

Ils feutrent l'atmosphère, étouffent les bruits, y compris les pleurs de bébé qui ainsi atténués ne gêneront pas le voisinage. Sécuriser l'accès aux fenêtres. Dans ce cas précis, une feuille de plexiglas a été fixée devant le garde-corps insuffisamment protecteur.

Et voilà une chambre de rêve pour le bébé !

J'étouffe dans la cuisine !"

Cette cuisine ouverte accumule les incommodités : elle est à la fois trop présente dans le séjour et très exiguë. Son accès est étroit, manipuler la porte du four obstrue la circulation et l'ouverture de la porte du réfrigérateur est gênée par l'évier. De plus, son comptoir ne pouvant guère accueillir plus de trois personnes oblige Claudie et son compagnon à dresser une table complémentaire pour recevoir des amis.

L'INTERVENTION

INTÉGRER LA CUISINE AU SÉJOUR. La cuisine de l'appartement est mitoyenne d'une entrée dont la surface, près de 2 m², mériterait d'être mieux exploitée. Supprimer ses cloisons et sa porte ouvrant sur le séjour va décongestionner l'espace. Ce faisant, la distribution du lieu peut être revue dans sa totalité. Les postes d'eau et de cuisson sont reportés au fond de la cuisine. Le comptoir et l'ensemble des éléments haut sont

AVANT

La cuisine est trop présente et l'entrée confinée. Le comptoir coupe brutalement la pièce.

LE PROJET

Fondre la cuisine dans la continuité du salon.

supprimés. La machine à laver prend la place de la table de cuisson, et elle est habillée d'une table au plateau escamotable faisant comptoir. Procéder ainsi permet d'ouvrir véritablement l'espace sur le séjour. Pour l'intégrer au mieux, il reste à créer un élément de rangement établissant une continuité avec le salon. Celui-ci, toute hauteur, se compose de trois volumes de profondeur décroissante : l'armoire accueillant le réfrigérateur, un vaisselier-garde-manger et, enfin, une bibliothèque qui se fond naturellement dans le séjour. Visuellement, cette liaison s'effectue aussi par le choix d'une peinture parme filant du fond de la cuisine au salon. L'espace occupé jadis par l'entrée est couleur sable, contrastant avec le plan de travail et la table en bois teinté wengé.

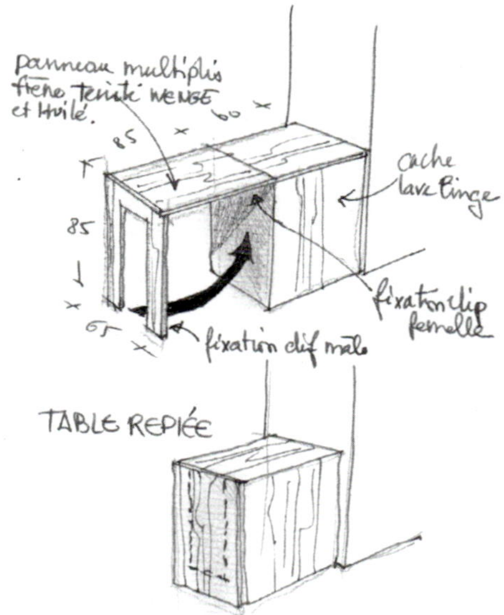

Le plan de travail escamotable pour les repas au quotidien.

La profondeur graduée du bloc rangement relie les deux espaces.

RECETTE DE CUISINE

Une cuisine digne de ce nom est un espace rationalisé. Les zones dédiées au réfrigérateur, à la cuisson et à la plonge sont voisines. Plus qu'ailleurs, chaque chose doit avoir sa place aussi les éléments de rangement sont-ils primordiaux tant pour les ustensiles et la vaisselle que pour le stockage des provisions. Veiller à laisser libre au moins un plan de travail. Dans ce petit espace, cette fonction est assurée par la table escamotable. L'usage du bois pour les plans de travail d'une cuisine (ici un contreplaqué) ne soulève pas d'inconvénient pourvu que celui-ci soit huilé pour être rendu hydrofuge. L'usage d'un vernis est à proscrire. Il est sensible aux marques de couteau et se cloque à la chaleur.

L’ambiance de la cuisine prolonge l’atmosphère du salon.

Nous voulons profiter de la double exposition”

Laurent et Virginie veulent modifier l’agencement de leur appartement afin de bénéficier d’une double exposition dans leur séjour. Quelle intervention entreprendre ? Cet appartement traversant d’un immeuble des années 1960 bénéficie d’une agréable vue arborée sur ses deux expositions. Le couple aimerait profiter de cet atout dans la pièce à vivre. Supprimer la cloison d’un bureau sous-utilisé et mitoyen du séjour permettrait d’exaucer leur vœu.

L’INTERVENTION

REMODELER L’ESPACE. L’entrée organise l’appartement en deux parties. À droite, le double séjour sur balcon qui reçoit la salle à manger et, à gauche, la cuisine puis un bureau contigu dont la fenêtre surplombe la cime des arbres. Pour bénéficier de cette vue depuis la pièce à vivre, supprimer sa cloison mitoyenne du séjour est inévitable. C’est ici, à proximité immédiate de la cuisine, que sera implantée la nouvelle salle à manger. Mais en procédant ainsi la cuisine risque alors d’apparaître comme un îlot confiné dans un recoin de l’espace décloisonné. Pour pallier

AVANT

En scindant l’appartement dans sa longueur, le cloisonnement de l’entrée, du bureau et du séjour condamne la double exposition de l’espace.

LE PROJET

Afin de profiter de la double exposition, le nouveau séjour va s'organiser de façon transversale autour des cloisons modifiées de la cuisine, pivot de l'intervention.

à cet inconvénient, la solution consiste à intervenir sur les deux cloisons de la cuisine en les perçant de plusieurs ouvertures. Ainsi, la porte de la cuisine et son imposte sont supprimées. La niche créée pour le réfrigérateur est découpée de telle sorte qu'elle se prolonge par un plateau de bois dont les dimensions sont suffisantes pour grignoter ou prendre un petit-déjeuner. Un long rectangle sera aussi percé. Encadré de bois, il fera office de passe-plat, ouvrant ainsi davantage encore la cuisine sur la salle à manger. Côté séjour, la création d'un faux plafond de faible hauteur parfait l'intervention. Il permet de dissimuler la tringle à rideaux et d'encastrer quelques spots basse tension afin d'éclairer la table. Cette nouvelle configuration offre au séjour la double exposition souhaitée. Le traitement pratique et ludique des cloisons de la cuisine anime ce grand séjour. Il apparaît désormais plus structuré qu'il ne l'était et il est devenu beaucoup plus convivial.

Les percements animant la cloison créent un coin bar et un passe-plat.

JOUER AVEC LES CLOISONS

La suppression totale d'une cloison n'est pas toujours indispensable pour créer une sensation d'espace. Dès lors que celle-ci n'est pas porteuse, plusieurs interventions deviennent possibles. On peut biaiser un angle ou bien l'arrondir. On peut également jouer avec la hauteur de la paroi, la couper à 30 cm du plafond pour aérer le volume de la pièce, l'arrêter à 110 cm du sol pour créer un plan bar, ou la sectionner plus bas encore pour aménager un socle. En matière de percements, de nombreuses ouvertures sont aussi envisageables : fenêtre, passe-plat, niche, etc. Cette alternative au décloisonnement anime la pièce principale tout en ménageant des paravents souvent indispensables, notamment pour masquer l'électroménager lorsqu'il s'agit d'une cuisine. Elle favorise aussi la communication entre les deux espaces.

Le faux plafond installé dans le prolongement de la cloison délimite l'espace repas et dissimule la tringle à rideaux et le froncé du voilage.

Détail du voilage en lin-coton courant sur toute la paroi de la salle à manger, en écho à la porte-fenêtre lui faisant face dans le salon.

L'espace repas vu du salon. À gauche du coin bar, la niche masquant le réfrigérateur.

Le passe-plat : pour désenclaver la cuisine, tout en la masquant du coin repas.

Un coin ordinateur a pu être installé devant la porte condamnée de l'ancien bureau devenu salle à manger.

Tronqué, l'angle de la cloison se transforme en coin bar, pratique pour le petit-déjeuner et les repas sur le pouce.

Le décloisonnement partiel de la cuisine anime l'espace. La fenêtre ainsi libérée participe elle aussi à la bouble exposition.

Les livres m'envahissent !"

Laurence, rédactrice, a le bonheur de pouvoir travailler chez elle. Mais ne disposant pas de bureau, c'est sur la table de la salle à manger qu'elle s'installe avec son ordinateur portable pour écrire. Vivant entourée de livres, cette partisane d'une ambiance zen, murs blancs et mobilier réduit au minimum, n'a pu se résoudre à choisir une bibliothèque, élément qu'elle juge encombrant et disgracieux. Résultat : des piles de livres s'entassent au sol le long de deux pans de mur de sa salle à manger. L'atmosphère dépouillée recherchée risque de virer au capharnaüm.

AVANT

Les cloisons de la salle à manger... en voie de disparition derrière les piles de livres.

LE PROJET

Créer des rangements et un bureau, sans dénaturer le style de l'appartement.

L'INTERVENTION

UNE BIBLIOTHÈQUE ET UN BUREAU ESCAMOTABLE. La conception de la bibliothèque de Laurence va s'efforcer de respecter son goût des lignes pures et des surfaces nettes. Le premier module qui recevra les beaux livres est étroit et toute hauteur. Il est installé dès l'entrée de la pièce et orienté vers elle de façon à créer un paravent masquant le deuxième élément plus volumineux, composé de six tiroirs en partie basse et d'étagères filant sur toute la paroi. Le coffre disposé à gauche de la cheminée est déplacé vers une autre pièce. C'est ici que sera installé le bureau, un caisson dont la face et le plateau supérieur pivotent de façon à composer un plan de travail face à la fenêtre. Ouvert, cet élément développe un plateau de 110 x 56 cm, largement de quoi installer un ordinateur et des documents. Fermé, il reprend son allure de caisson, un cube à peine plus volumineux que le coffre qu'il remplace. Et beaucoup plus discret puisqu'il est peint en blanc, tout comme la bibliothèque, de façon à se fondre le plus parfaitement possible dans la pièce.

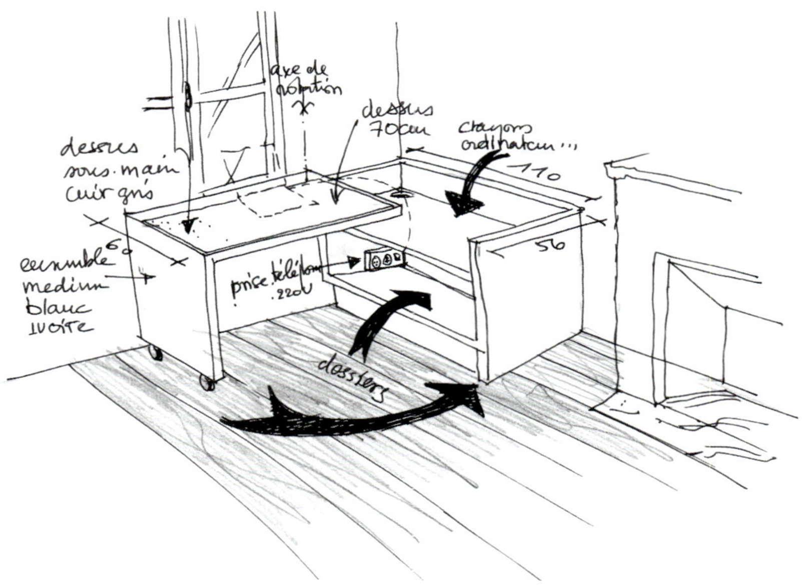

Le meuble au plateau revêtu d'un sous-main en cuir intègre une prise téléphone pour la connexion Internet de l'ordinateur portable.

Le bureau escamotable : un caisson de rangement pivotant se déployant face à la fenêtre. Fermé, il fait office de console.

La sobriété de la bibliothèque s'efforce de respecter le décor d'origine de la pièce, la cheminée centrale et son miroir.

Le module destiné aux livres grand format est orienté vers l'entrée de la pièce de façon à constituer un paravent.

Les livres m'envahissent !"

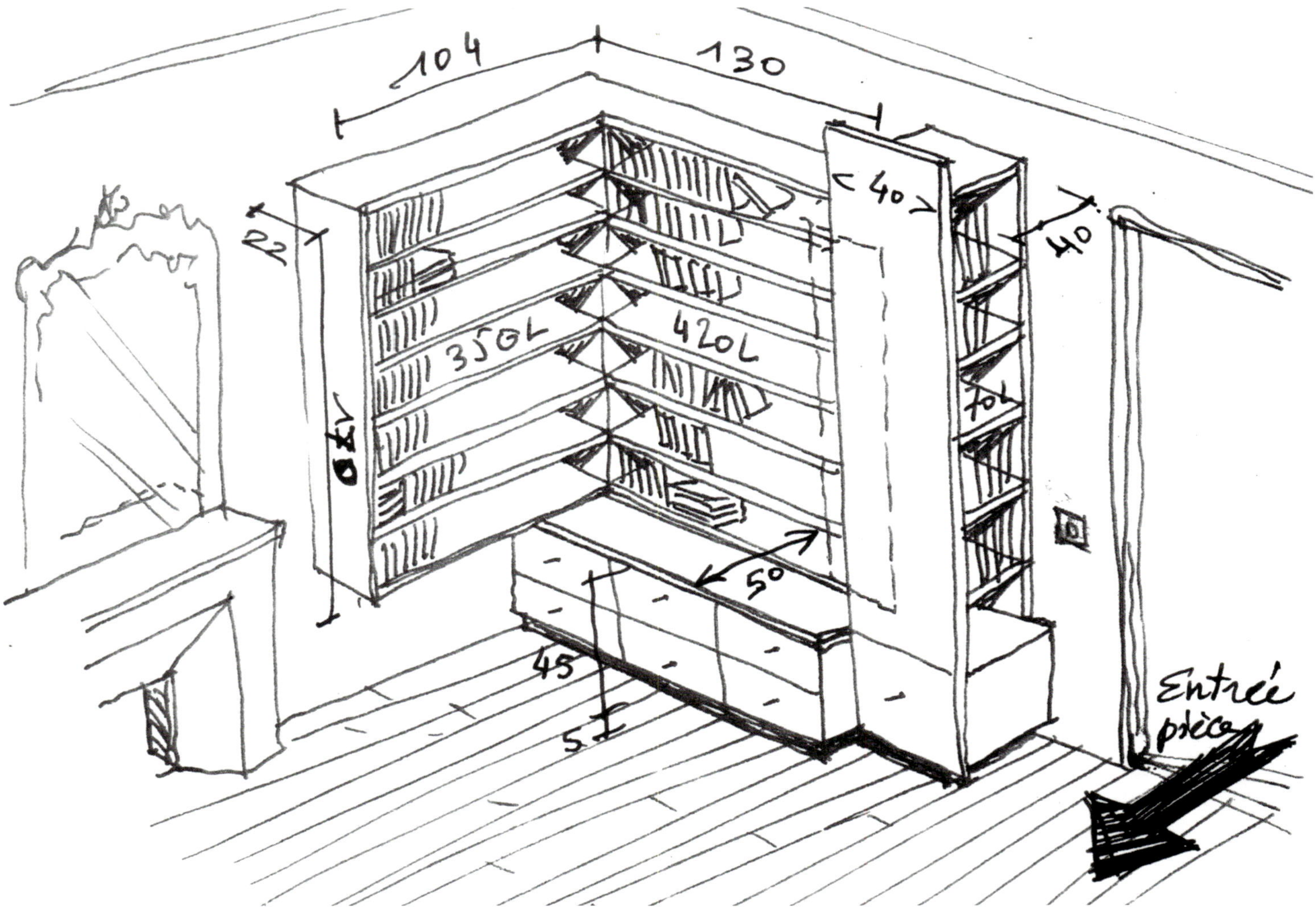

En partie basse, l'élément comprend sept tiroirs pour dissimuler dossiers et classeurs.

UNE BIBLIOTHÈQUE

Faire l'inventaire de ses livres, cd, dvd, cassettes vidéo ou classeurs et déterminer ce que contiendra la bibliothèque est la première opération à effectuer avant de lancer sa réalisation. Il convient ensuite d'évaluer la proportion des différents formats et de décider ce qui sera exposé ou non. Tout ne mérite pas d'être mis en valeur et notamment les classeurs et autres dossiers si peu esthétiques relatifs à la gestion de la maison. Il est donc toujours souhaitable d'aménager, en partie basse, une série de tiroirs ou placards qui préserveront l'homogénéité de l'ensemble. Puisque c'est sur ses flancs que le meuble est le plus disgracieux, il est préférable de les utiliser pour créer des rayonnages. Plusieurs aménagements peuvent compléter ce meuble, un lutrin, une tablette sur glissière pour trier les livres ou des prises de courant qui permettront d'installer un équipement audio. Dans tous les cas, toujours privilégier des étagères réglables à des éléments fixes. Soulignons enfin que le choix du matériau dans lequel la bibliothèque sera fabriquée importe peu puisqu'en définitive, c'est essentiellement son contenu qui lui donnera son caractère.

La bibliothèque se déploie comme un livre ouvert en écho au bureau escamotable se déployant dans l'angle opposé de la pièce.

Mon couloir mange tout l'espace !”

Isabelle habite un joli trois-pièces situé dans un immeuble ancien. Comme nombre d'appartements du XIXe siècle, sa distribution s'organisant à partir d'un long couloir est loin d'optimiser la superficie du lieu. Isabelle souhaiterait pouvoir récupérer une partie de cet espace perdu pour agrandir sa salle à manger qu'elle estime un peu étriquée.

L'INTERVENTION

INTÉGRER UNE PARTIE DU COULOIR À LA SALLE À MANGER.

La surface dédiée au couloir est en effet surdimensionnée par rapport à l'appartement. De plus, rien ne justifie un tel principe de circulation puisque ce passage qui conduit au salon-bureau ne dessert que la salle à manger. Constituée par la réunion de

AVANT

Un couloir monotone qui occupe une surface importante.

LE PROJET

Ouvrir l'espace et encastrer la cuisine dans un cube.

la cuisine et d'une chambre, cette petite pièce paraît d'ailleurs disproportionnée. La cuisine étant curieusement privilégiée, il ne reste que peu de place pour installer une table. Supprimer une partie de la cloison du couloir permet d'agrandir cet espace d'environ 4 m². Mais cette intervention rend aussi très apparente la cloison de la cuisine. Afin de pallier cet inconvénient, la paroi cuisine-couloir est tronquée à 50 cm du plafond. Il en résulte un effet « paravent » qui modifie radicalement l'aspect général des lieux. En procédant ainsi, la cuisine retrouve une juste proportion, celle d'un volume modeste glissé dans une grande pièce. La pose d'un faux plafond équipé d'une corniche lumineuse complète le dispositif en unifiant ce nouvel espace constitué par l'entrée, une partie de l'ancien couloir et la cuisine. La pièce à vivre ainsi créée s'intègre désormais naturellement à l'appartement. La circulation est plus rationnelle. Un miroir toute hauteur est disposé face à la porte palière afin de dégager l'espace et de soutenir la fluidité de l'ensemble.

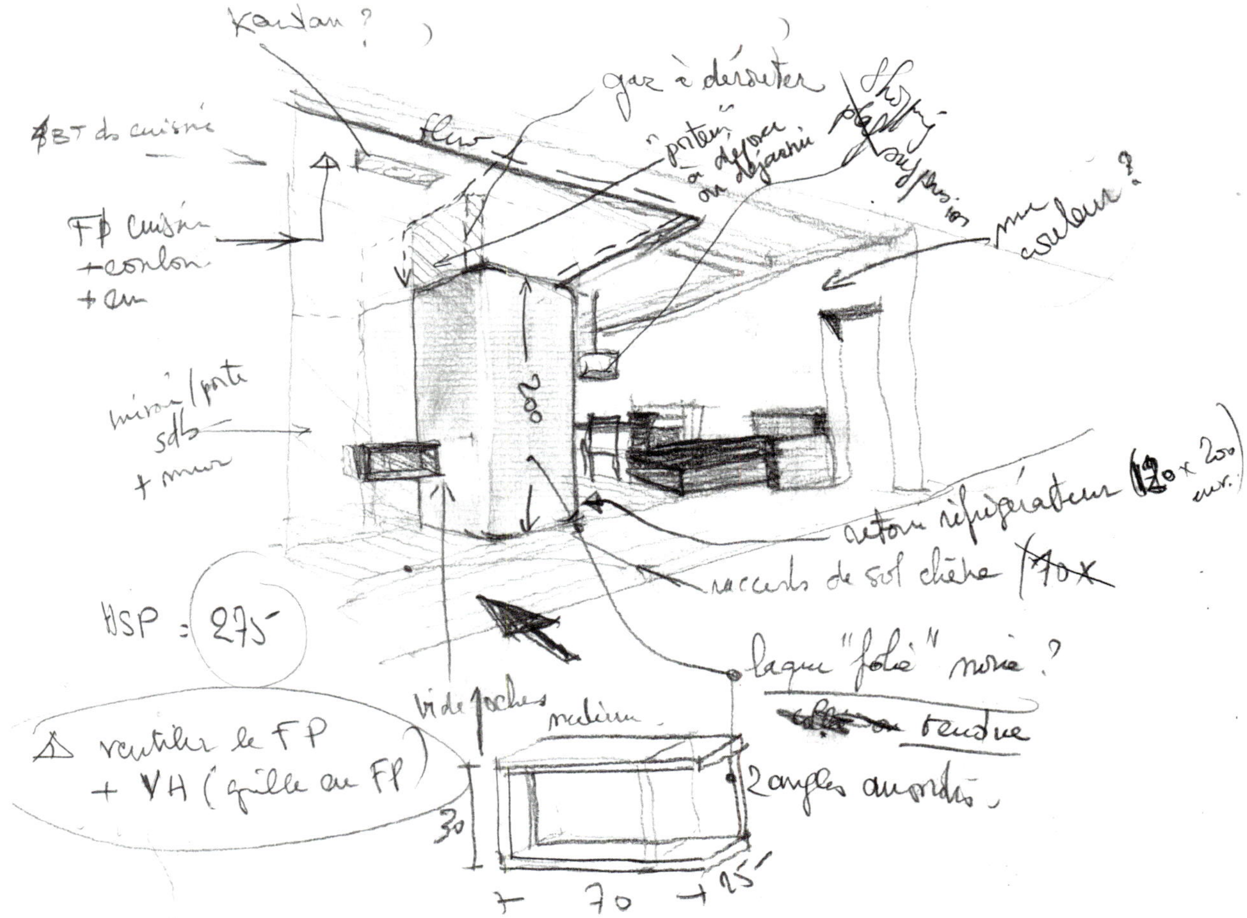

La perspective et les panneaux décoratifs sont conservés, le charme de l'ancienne circulation demeure. Dans l'entrée, un miroir toute hauteur crée une perspective perpendiculaire à celle du couloir.

Le faux plafond rompt la monotonie du couloir et dissimule les traces des cloisons abattues.

Détail de la découpe de la cloison de la cuisine.

Surplombant la cuisine, le faux plafond intègre une série d’éclairages directs et indirects pour moduler l’espace.

La cloison de la cuisine : un paravent dissimulant la partie technique du lieu.

L'intervention contemporaine met en valeur le charme XIXe de l'appartement.

Bébé n'a pas de chambre"

Hanta et Alain viennent d'avoir un petit Raphaël... Mais il est impossible de créer une chambre d'enfant dans leur deux-pièces. Faute de place, le berceau est donc installé dans la chambre du couple qui commence à prendre des allures de nursery. Entre les jouets et les sacs de couches, les jeunes mariés ont maintenant l'impression de dormir dans la chambre de leur fils. Chacun aurait besoin de plus d'intimité. Mieux organiser les rangements s'avère tout aussi nécessaire. Pour l'instant, les affaires de Raphaël sont dispersées jusque dans le couloir où sont entreposés ses produits de soins. Quant à la table à langer, elle se retrouve dans la salle de bains dont elle bloque la porte... Où allouer un espace au bébé ?

L'INTERVENTION

DEUX RIDEAUX FAISANT ALCÔVE. Le seul endroit envisageable pour aménager le petit univers de Raphaël est, hélas, la chambre de ses parents. Pour intervenir, il faut néanmoins la débarrasser de l'immense placard occupant tout un pan de mur.

AVANT

Le lit du bébé, entre la penderie et le lit des parents. L'appartement bénéficie de volumes plus généreux côté séjour et entrée.

LE PROJET

Déplacer la penderie de la chambre vers le couloir pour créer un véritable espace bébé.

Mais dans l'appartement tel qu'il est agencé, caser ce volume s'avère impossible, à moins de créer une niche à ses dimensions. Elle sera implantée dans le couloir, sa surface étant amputée sur la partie salon du séjour. Cette réduction de la surface du séjour est compensée par la suppression de la cloison le séparant de l'entrée. En procédant ainsi, on redessine un salon en L qui octroie une surface plus importante à la zone salle à manger. Cette modification effectuée, la chambre du couple est suffisamment dégagée pour attribuer au bébé un petit coin bien à lui. La solution consiste à installer au plafond deux rideaux sur tringles de façon à constituer deux espaces différenciés : le premier destiné à la table à langer et aux divers produits de soins, le second réservé au berceau. Cette intervention rapide de mise en œuvre et peu onéreuse répond aux besoins du couple. Ces cloisons souples et translucides scindent l'espace, sans isoler l'enfant derrière une paroi en dur, option inappropriée ici en raison de la disposition des lieux et de la surface de la pièce.

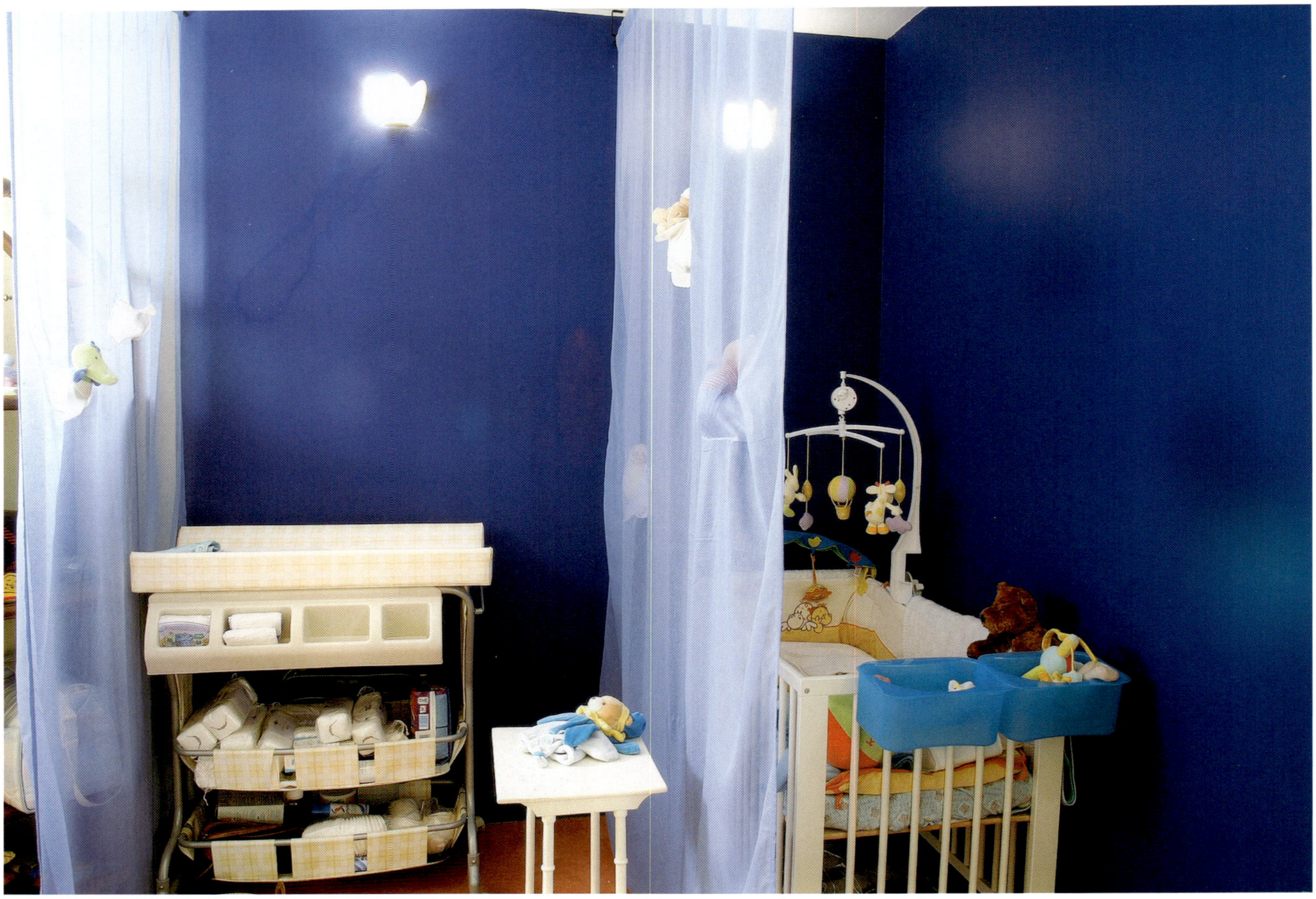

Le compartiment réservé aux soins préserve l'enfant de la proximité de la porte de la chambre.

Des poches à doudous cousues.

L'espace bébé est clairement identifié par la peinture murale bleu nuit et les tentures l'isolant du lit des parents.

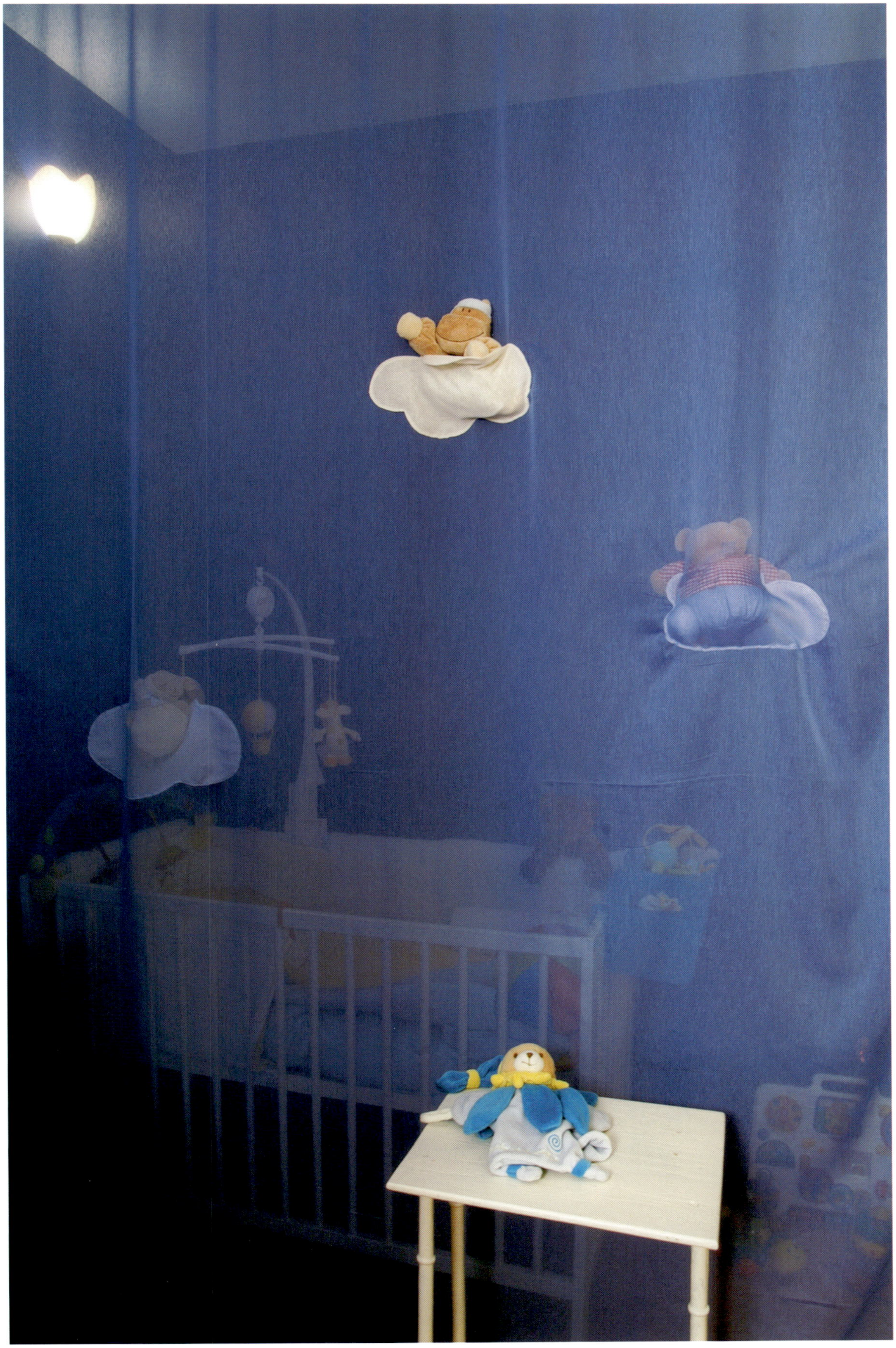

Une alcôve intime et douillette.

Le home-cinéma gâche tout”

En installant l’écran de son home-cinéma, Virginie a eu une mauvaise surprise. Pour obtenir le recul indispensable à la projection, elle a dû déplacer les sièges du salon sur une distance beaucoup plus importante qu’elle ne l’imaginait. Visuellement, le résultat est assez surprenant : le mobilier semble avoir glissé vers la salle à manger, comme sur un navire ayant pris de la gîte. Cette concentration inattendue perturbe évidemment la vie quotidienne car, désormais, l’un des canapés gêne l’accès aux chaises de la table à manger… Un comble dans un séjour très vaste ! Comment rééquilibrer le lieu ?

L’INTERVENTION

MODIFIER L’EMPLACEMENT DE L’ÉCRAN. La configuration de la pièce et la grande taille de l’écran (240 cm de long) laissent peu de choix : pour bénéficier des meilleures conditions de projection sans nuire à l’agencement du séjour, l’écran ne peut être installé que devant la baie vitrée desservant la terrasse.

AVANT
La disposition de l’écran sur le mur droit du salon contraint à pousser le canapé contre la table de la salle à manger.

LE PROJET

Utiliser l'espace de circulation entre l'entrée et le séjour pour installer l'écran de projection.

Tout modèle rétractable autorise ce type de solution présentant l'avantage de ne pas mobiliser un pan de mur. Le voilage existant est supprimé au profit d'un rideau plus épais. Il est conçu pour couvrir l'ensemble de la paroi afin d'occulter la lumière du jour provenant de la baie du séjour et de la fenêtre de l'entrée mitoyenne. En écho, un caisson de rangement est créé au sol sur toute la longueur du mur. Il assure plusieurs fonctions : dissimuler les trois enceintes du home-cinéma et leurs câbles, recevoir l'ensemble des dvd et cd de la maison. Il sert également de marche d'accès à la terrasse voire d'assise complémentaire en cas de besoin. La grande dimension (7 m de long) de cet élément qui structure l'espace en reliant l'entrée à la pièce à vivre est soulignée par un « led néon » installé en plinthe. Un faux plafond complète l'intervention. Il est équipé de spots basse tension et sa corniche permet de dissimuler l'écran et la tringle à rideaux. En procédant ainsi, le salon a retrouvé sa place. L'espace salle à manger est maintenant dégagé des canapés qui l'encombraient.

La circulation autour de la salle à manger n'est plus entravée. L'espace home-cinéma a été repeint en rouge porto, couleur sombre absorbant la lumière pour favoriser la projection.

HOME-CINÉMA, MODE D'EMPLOI

L'installation d'un home-cinéma s'anticipe. Le choix du matériel est un préalable obligé. Selon les procédés, le nombre d'enceintes satellites varie. De même, chaque élément de la chaîne (ampli, moniteur, écran, projecteur, lecteurs...) doit être identifié car une installation fonctionnelle dépend en premier lieu de la conception et de l'intégration du câblage. Il est impératif également de soigner l'acoustique. Ainsi, on évitera de laisser dans la pièce deux surfaces « dures » en vis-à-vis, un parquet et un plafond peint, deux murs peints se faisant face... Équiper une surface sur deux d'une matière absorbante est l'idéal : tapis, rideaux, panneaux de bois perforés, mousses, etc. Une bibliothèque peut aussi assurer cette fonction. Ne pas négliger l'isolation : en appartement, un caisson de basse peut rapidement vous brouiller avec les voisins ! Il donc préférable de l'installer sur une matière absorbante ou de poser une sous-couche de liège sous le plancher. Privilégier une peinture sombre pour une meilleure qualité de projection et prévoir un éclairage sur variateur. Dans tous les cas, la création d'un faux plafond facilite considérablement l'intégration du câblage.

Au sol, le caisson de rangement est souligné par un « led néon »… comme dans les salles de cinéma.

Débarrassé de l'écran, le salon a retrouvé sa place.

La zone de projection, écran déployé. Escamotée, l'installation de l'écran est pratiquement invisible. L'ensemble faux plafond, tenture, caisson valorise l'axe de circulation traversant le salon depuis l'entrée.

Le point de vue du spectateur... Une vraie salle de projection privée.

Avec mon handicap, circuler dans le séjour devient difficile”

Encombré d'un mobilier disparate, le salon de Luc est devenu un parcours du combattant pour le jeune handicapé. Comment lui restituer une circulation adaptée ? Luc vit sans contrainte dans le pavillon de 120 m² qu'il a fait construire en fonction de son handicap. Au fil du temps cependant, la pièce à vivre, qui abrite aussi le bureau, s'est remplie d'éléments de rangement perturbant son déplacement en fauteuil roulant. C'est ainsi qu'il doit désormais pousser son canapé pour accéder à l'élévateur qui conduit à l'étage. Et lorsqu'il souhaite s'installer sur ce même canapé, il est contraint de déplacer la table basse... Enfin, aller d'un bout de la pièce à l'autre lui demande d'effectuer un gymkhana dont il se passerait volontiers.

L'INTERVENTION

OPTIMISER L'ESPACE. Les trois zones du séjour – salle à manger, salon et bureau – demandent à être rationalisées. Et leur mobilier unifié. Le bureau, installé au beau milieu du plus grand mur de la pièce, est glissé à proximité de la baie vitrée. Luc qui y

AVANT
Une disposition anarchique du mobilier...

LE PROJET

Un agencement libérant une circulation centrale.

travaille toute la journée peut ainsi bénéficier de la lumière du jour. Pour structurer cette partie professionnelle, un nouveau meuble été conçu. Il est équipé d'un retour faisant rangement sur lequel vient s'appuyer un nouveau canapé comprenant une méridienne en angle, plus pratique d'accès. L'ensemble des rangements a été remplacé par des éléments plus bas, d'usage aisé depuis un fauteuil roulant. Leur implantation, filant le long du mur, libère toute la surface centrale. Quant à la table de salle à manger disposée devant la baie vitrée, elle est déplacée vers le joli comptoir de la cuisine ouverte, auparavant masqué par une bibliothèque. La pièce a été repeinte d'un jaune lumineux. Le choix d'une teinte unique, gris-bleu, pour la mise en couleur de tous les rangements concourt à l'harmonisation de lieu. L'espace salon et télévision est matérialisé par un tapis qui accroît la qualité acoustique de cette zone. Ce séjour, autrefois malcommode et engorgé, est maintenant un espace où la circulation est fluide et l'ambiance rassérénante.

Le séjour depuis la cuisine dont le comptoir a été dégagé.

Le retour du meuble bureau reçoit la hi-fi et le home-cinéma.

LIBÉRER L'ESPACE DE CIRCULATION

Chaque handicap ayant ses caractéristiques, ce qui a facilité le quotidien de Luc n'a pas force de loi. Le déplacement en fauteuil roulant impose néanmoins un espace dégagé de tout obstacle. Privilégier l'installation des meubles contre les cloisons et veiller à leur stabilité, l'idéal étant de concevoir des éléments solidaires des murs. Concentrer les rangements dans une zone comprise entre 20 cm du sol et 1,10 m, de manière qu'ils restent accessibles depuis le fauteuil. Supprimer les différences de niveaux au sol et opter pour des revêtements fermes. Le séjour d'une personne à mobilité réduite se révèle nécessairement un lieu de vie plus important encore que pour le valide. Ses déplacements étant plus difficiles, elle reçoit aussi davantage de visites qu'elle n'en effectue. Cette pièce très sollicitée mérite donc une attention toute particulière, notamment une réflexion sur la lumière et les ambiances. Plus que tout autre, le lieu se doit d'être chaleureux, et agencé rationnellement.

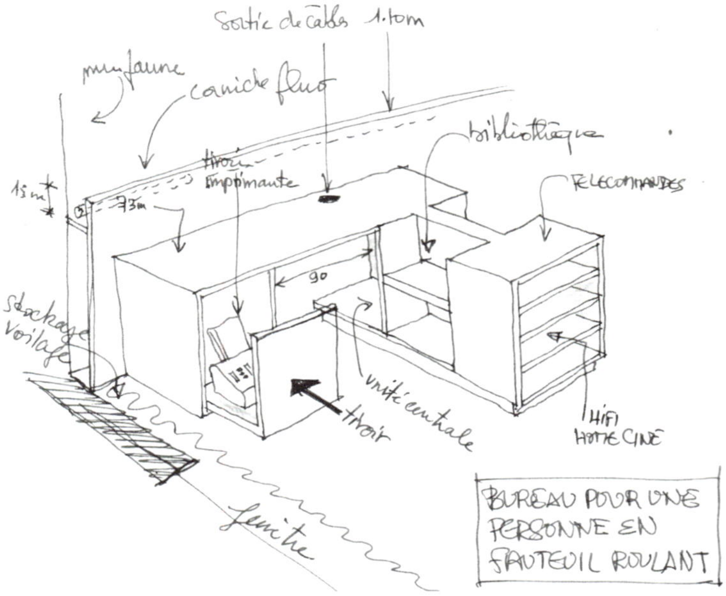

“Avec mon handicap, circuler dans le séjour devient difficile

Les rangements sont systématiquement disposés contre les murs et n’excèdent pas 110 cm de hauteur pour un accès commode depuis un fauteuil.

Le canapé ayant été déplacé sur le mur opposé, l’élévateur est maintenant accessible.

Le séjour a retrouvé une circulation fluide.

L'escalier nous encombre"

Situé au beau milieu du séjour, l'escalier de Véronique perturbe l'agencement de la pièce. Comment tirer parti de ce désagrément ?

L'escalier qui est implanté entre la cuisine ouverte et le séjour scinde brutalement la surface de la pièce à vivre. Son volume occupe un espace considérable. Faute de place, Véronique n'a pu installer les rangements dont elle a besoin. Et elle a dû glisser son canapé sous la cage, ce qui asphyxie complètement le coin salon ramassé sous les marches.

AVANT

Un escalier qui tombe comme un cheveu sur la soupe.

LE PROJET

Organiser un « événement » autour de l'escalier afin de justifier sa présence.

L'INTERVENTION

RÉDUIRE LE VOLUME DE L'OUVRAGE. Supprimer une partie de la rambarde et les deux premières marches de l'escalier libère la surface obstruant le coin salon. Leur substituer une estrade permet la création d'un angle à hauteur du canapé. Ce socle, agrémenté de quelques coussins, offre une assise supplémentaire susceptible d'accueillir deux ou trois convives. Il autorise aussi l'aménagement de deux grands tiroirs de rangement. Ce dispositif qui fonctionne comme une marche surdimensionnée confère une nouvelle unité au lieu en établissant une liaison entre le salon et la salle à manger. Pour minimiser encore le volume de cet escalier, l'ensemble de sa sous-face est peint en blanc de façon à établir une continuité avec le plafond. Au niveau du quartier tournant, le garde-corps est lui aussi supprimé, remplacé par un caisson de rangement. Côté canapé, une partie du sous-escalier est fermée par un petit placard composant une niche idéale pour déposer quelques livres et installer une lampe. Véronique dispose désormais de plusieurs rangements et d'un salon plus spacieux.

Côté cuisine, dans le quart tournant, les balustres sont remplacés par un caisson pour les bibelots et les livres de cuisine.

Côté salon, le palier à tiroirs se développe à angle droit du canapé et crée à hauteur une assise complémentaire.

AVEC UN ESCALIER

L'escalier manque de discrétion. Considérant l'importance de son volume dans la pièce, il est souhaitable de l'intégrer soigneusement par coffrage intégral, ou partiel, du sous-escalier. L'installation d'un éclairage est alors à conseiller. On peut également peindre une partie de l'ouvrage. Lorsque l'escalier est mitoyen d'une cuisine, la prolongation de sa cinquième marche est généralement à la bonne hauteur pour créer un plan de travail. Exploiter les différents composants de l'escalier comme rangements est aussi une manière de le fondre dans la pièce. La rampe peut devenir tablette et les garde-corps, bibliothèques. De même, la partie inférieure du sous-escalier est aménageable en placard ou rayonnages. Et chaque marche peut être conçue pour faire tiroir.

Peinte en blanc, la sous-face de l'escalier se fait moins imposante.

Il ne manque qu’une table basse et un tapis pour faire un salon d’angle.

Plus d'espace pour recevoir mes amis"

L'appartement de Florian révèle un paradoxe. Sa surface, moderne et atypique, 42 m² prolongés par une terrasse de 50 m², souffre d'un aménagement désuet. Comment libérer cet espace étouffé ?
Florian travaille à l'étranger, aussi, lorsqu'il revient en France, il est impatient d'organiser des soirées pour réunir ses amis. Durant les beaux jours, la grande terrasse accueille tous ses invités sans souci. L'hiver venu, en revanche, le séjour lui semble étriqué et il a de grandes difficultés à recevoir plus de quatre convives à dîner. Une table pliante et des fauteuils gênent la circulation, le vaisselier est trop volumineux. Quant à la petite cuisine ouverte, ses éléments tout blancs perturbent l'ambiance chaleureuse souhaitée.

L'INTERVENTION

DÉCONGESTIONNER LE LIEU. La suppression des trois fauteuils installés en vis-à-vis du canapé dégage la porte-fenêtre donnant sur la terrasse. Procéder ainsi permet d'ouvrir

AVANT
La table pliante et les fauteuils confinent l'espace et gênent l'accès à la terrasse.

LE PROJET

Organiser un espace accueillant et plus fluide pour recevoir davantage de convives.

l'ensemble du séjour sur l'extérieur, une intention soutenue par la création d'une marche courant au pied de la baie vitrée. D'une largeur confortable (80 cm) et agrémentée de quelques coussins, elle fera office de second canapé. À son extrémité droite, elle accueille la télévision, ce qui permet d'évacuer le meuble télé encombrant cet angle. Le vaisselier quelque peu disproportionné est lui aussi écarté. L'objectif consiste à privilégier un aménagement au ras de sol afin d'aérer le volume. Par ailleurs, la vue sur la cuisine et ses appareils électroménagers depuis le salon nuit à l'atmosphère cosy recherchée. La table pliante séparant les deux espaces entrave la circulation. Installer une cloison courte résout ces deux inconvénients. Occultant une partie de la cuisine, elle va être utilisée comme support d'une table escamotable verticalement. La peinture de la pièce est réalisée en deux tons concourant à accroître l'impression d'espace.
L'intérieur de Florian correspond maintenant à son mode de vie.

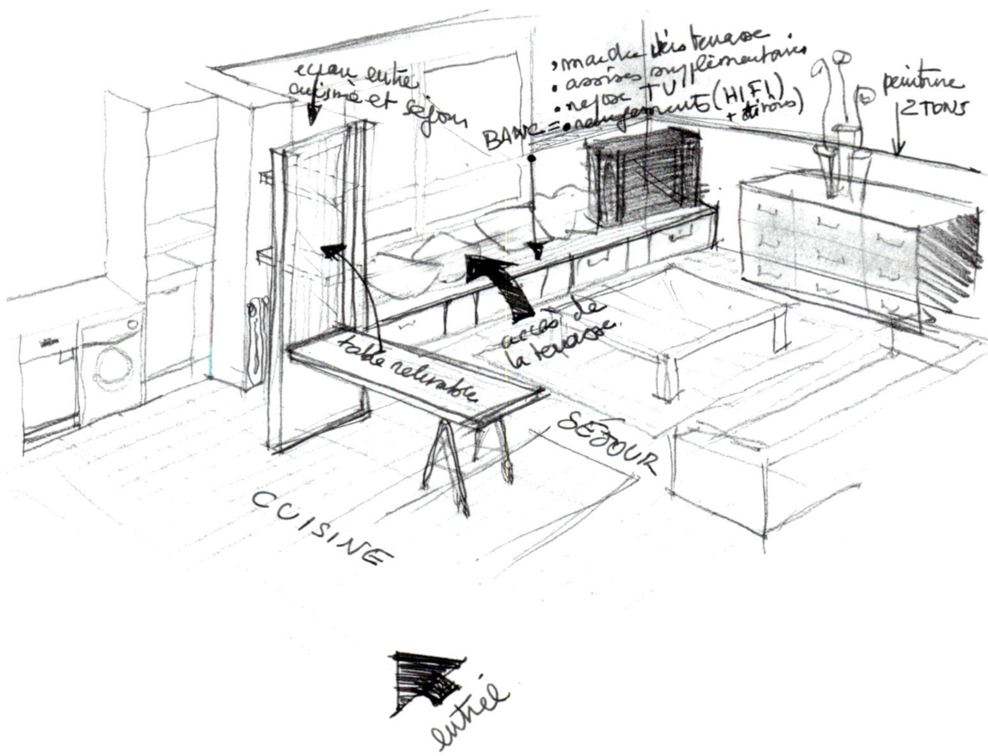

La marche multifonctions : rangements, console télé, accès à la terrasse et assise de complément.

L’ACCÈS À LA TERRASSE

Pour des raisons d’étanchéité, les baies d’accès à la terrasse ne sont pas toujours de plain-pied avec le niveau des planchers. Cette différence de niveau, de 20 à 30 cm, peut être mise à profit en construisant une ou plusieurs marches. Outre un franchissement plus agréable, la création d’un degré autorise de nouvelles options d’agencement. L’exploitation de cette marche pourra alors soutenir diverses intentions. Ici, elle cumule quatre fonctions : console pour la télévision, rangements aménagés dans la contremarche, prolongement intérieur de la terrasse et assise complémentaire.

Masquant en partie la cuisine, la cloisonnette percée et close d'un panneau de polycarbonate simule une fenêtre afin d'aérer l'espace lorsque la table est dépliée.

La table escamotable ouverte et fermée.

Un séjour accueillant ouvert sur la terrasse.

Trop sombre, ce séjour !”

L’appartement de Stéphane est situé en rez-de-chaussée. Ne disposant que d’une seule source de lumière naturelle, une verrière de 15 m², il est très sombre. Comment l’éclairer ? Avec ses poutres et ses murs de pierres apparentes, l’endroit est agréable. Cependant, la lumière émanant de la pièce sous verrière occupée par la salle à manger s’avère tout à fait insuffisante pour éclairer le salon, la cuisine et le long vestibule menant à la porte d’entrée. Faute de mieux, Stéphane a donc installé de nombreux luminaires, en particulier trois suspensions surplombant le comptoir de la cuisine ouverte. Mais loin de procurer une ambiance satisfaisante, ces éléments éblouissent les occupants et écrasent le volume de la pièce à vivre.

L’INTERVENTION

ÉLABORER UN ÉCLAIRAGE ARTIFICIEL. La verrière située dans l’ancienne cour de l’immeuble procure un charme tout particulier à cet appartement. Elle y propage une lumière d’une grande douceur, qualité que l’intervention va s’efforcer d’insuffler à l’éclairage artificiel. La création d’un faux plafond courant du

AVANT

Un séjour aveugle, enclavé entre la cuisine et la verrière de la salle à manger.

LE PROJET

Utiliser la lumière artificielle et la couleur pour animer et personnaliser le séjour.

vestibule à la cuisine permet d'élaborer l'éclairage indirect approprié. Dans la cuisine, un caisson lumineux dissimulant des tubes fluorescents simulera une seconde verrière en diffusant une lumière proche de celle du jour. Dans le vestibule, une variante de ce dispositif organise une corniche accueillant également des néons. Ils sont installés derrière une feuille de plexiglas sur laquelle des gélatines colorées ont été collées. En procédant ainsi, la lumière diffusée sur le mur blanc produit une série de touches de couleurs qui réchauffent et modulent cet espace étroit tout en longueur.

Le salon reste tel quel. Sa hauteur sous plafond est donc conservée, mais la surface blanche entre les poutres a été repeinte dans un ton chocolat, tout comme le comptoir, afin de renforcer l'ambiance chaleureuse souhaitée. Les montants de la verrière sont peints en blanc, de même que les pierres apparentes de la salle à manger, revêtues d'une simple peinture à l'eau. Ainsi, le salon contraste avec ses deux espaces mitoyens. Il devient une surface identifiée avec sa propre atmosphère. L'ensemble de l'appartement est maintenant baigné d'une lumière équilibrée et délicatement tamisée.

Reliant entrée et cuisine, un faux plafond blanc masquant les poutres apparentes permet de créer une fausse verrière et une corniche lumineuse.

Détail de la corniche lumineuse équipée de gélatines colorées pour réchauffer l'atmosphère.

Afin de caractériser les espaces, les poutres qui disparaissent sous le faux plafond de l'entrée et de la cuisine sont conservées dans le salon.

“Trop sombre, ce séjour !”

L’espace salon est distingué par une teinte chocolat, appliquée sur le comptoir de la cuisine et entre les poutres du plafond.

Pour capter la lumière le mur de pierres courant de l’entrée est peint en blanc.

Jeu de contraste entre l’univers blanc de la salle à manger sous verrière et la teinte chocolat du séjour.

UNE FAUSSE VERRIÈRE

Ce dispositif fréquemment utilisé dans l’aménagement des brasseries confère une respiration salutaire aux pièces aveugles, ou éloignées des fenêtres. Quel que soit le produit diffusant sélectionné – plexiglas, plastique alvéolé ou verre feuilleté muni d’un film translucide –, il importe de ne pas lésiner sur la quantité de fluorescents à installer. Compter trois tubes de 90 cm par mètre carré, en veillant à choisir une qualité « lumière du jour ». Afin d’obtenir une esthétique convaincante, conforme à celle d’une ouverture de toit, le diffusant de la verrière ne sera pas disposé en alignement du plafond, mais en retrait de 15 à 20 cm. La fausse verrière apporte un éclairage général non seulement très confortable, mais aussi économique. La consommation d’un tube fluorescent est en effet sensiblement inférieure à celle d’une ampoule traditionnelle à incandescence.

Un séjour chaleureux distingué par les tons bois et la teinte naturelle de la pierre apparente.

Deux chambres en une”

Mailie, 15 ans, et Matéo, 3 ans, partagent la même chambre… moins de 20 m² dans un appartement de trois pièces. Comment faire pour que chacun puisse bénéficier de son propre espace ?
La chambre, idéale pour un seul enfant, s'avère inadaptée à ses deux occupants, une adolescente et son frère en bas âge aux modes de vie nécessairement différents. Faute d'espace, le berceau de Matéo et le lit de sa sœur sont installés parallèlement, séparés par un coffre à jouets et le petit bazar de l'aînée. Une fois Matéo endormi, occuper la chambre devient une opération délicate pour Mailie. Elle craint de le réveiller et se déplace à pas de loup. Il lui est impossible d'y faire ses devoirs et d'ailleurs, elle ne dispose pas de bureau. Autre souci : Matéo grandissant, il est maintenant envisagé de l'installer dans un grand lit, ce qui va augmenter encore leur promiscuité… Cette pièce est pourtant relativement spacieuse : elle comprend un coin lavabo et un grand placard double.

AVANT
Dans la chambre, le petit lit de Matéo est mitoyen de celui de sa grande sœur.

LE PROJET

Insérer la chambre de Matéo dans celle de Mailie.

L'INTERVENTION

UNE VARIANTE DES LITS SUPERPOSÉS. Pour dégager le maximum de surface au sol, l'espace de couchage est compressé. Un volume est créé en s'inspirant du principe des lits superposés. Ce parallélépipède procure deux niveaux. Le niveau bas, destiné à Matéo, est traité comme une chambre indépendante adaptée à la taille de l'enfant. Cet espace fermé comprenant une porte et une fenêtre de dimensions réduites a tout de la petite maison, il définit un lieu cosy et ludique que l'enfant s'est immédiatement approprié. Quant au lit de Mailie, il est installé sur le « toit » de cette cabane qui fonctionne comme une mezzanine.
Le placard double a été déplacé vers une autre cloison, conservé tel quel. L'espace au sol libéré a permis de créer un petit bureau pour Mailie. La pièce a désormais l'aspect d'une chambre d'adolescente dans laquelle une chambre d'enfant a été insérée. Et chacun bénéficie d'un volume approprié à ses besoins.

LA CABANE-MEZZANINE

En regard d'un lit superposé classique, cet agencement en maçonnerie procure davantage d'intimité à chacun des enfants. Il suppose simplement la construction d'une solide charpente de bois que l'on habillera, selon ses souhaits, avec du lambris, un textile ou, comme ici, avec des carreaux de plâtre (BA13) comprenant un isolant dans leur épaisseur. La dimension minimum à prévoir doit définir une surface supérieure à 4 m².

Une fenêtre ou une porte vitrée est à conseiller pour éviter une sensation de claustration.

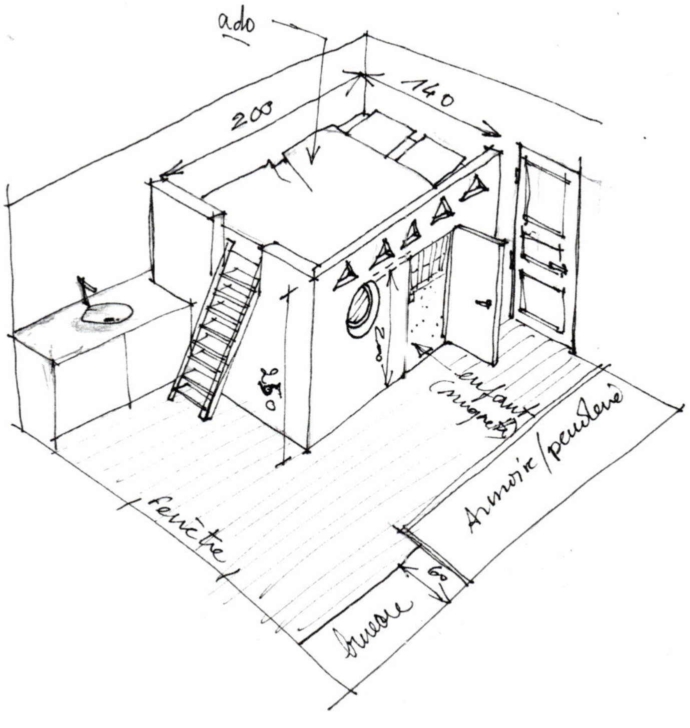

Le garde-corps ajouré, côté Mailie, et le hublot de la cabane de Matéo évitent à chacun de sentir « enfermé ». Le soir, ces dispositifs permettent également aux parents de constater en un coup d'œil l'endormissement des enfants.

Une chambre fonctionnelle : dans l'angle gauche, un bureau a été aménagé pour Mailie ; à droite, le cabinet de toilette est masqué par la cabane de Matéo.

L'accès à l'espace de Mailie qui dispose d'un lit de 140 cm.

La chambre de Matéo à travers son hublot qui lui permet de recevoir la lumière du jour.

L’installation d’un lit de 90 cm a permis de loger plusieurs coffres à jouets.

Une vraie chambre de grand, avec ses moulures et ses rosaces... clin d'œil au baron Haussmann.

“L’escalier est mal proportionné”

Maria et sa famille vivent dans une grande maison. À la mesure du lieu, son entrée est très spacieuse, comprenant une vaste fenêtre et plusieurs portes desservant le rez-de-chaussée, une salle de douche, le sous-sol et le jardin. L’ensemble est harmonieusement proportionné, à l’exception de l’escalier menant à l’étage. Confiné dans un recoin, il paraît étrangement étriqué. Une anomalie que Maria voudrait corriger.

AVANT

Le rez-de-chaussée de cette maison construite pour un médecin était en partie réservé aux consultations, ce qui explique le traitement très discret de l’escalier de l’entrée menant à la partie privative.

LE PROJET

Redessiner une partie de l'escalier afin qu'il participe au décor de l'entrée.

L'INTERVENTION

CRÉER UN PALIER. La porte d'accès à l'escalier conduisant au jardin en contrebas est condamnée pour créer un mur en arrondi. La petite salle de douche mitoyenne qui n'est jamais utilisée mérite d'être supprimée. Une fois l'une de ses cloisons percée, c'est à partir de ce local que l'on accédera désormais à l'escalier du jardin. La création du mur en arrondi permet de pouvoir développer l'escalier dans l'entrée de manière à le proportionner aux dimensions de cette grande pièce. Ses trois premières marches sont ôtées, remplacées par un palier de 1 m de long qui sera prolongé de trois nouvelles marches arrondies. En procédant ainsi, l'escalier a été en quelque sorte étiré et évasé. La marche de départ arrive désormais au milieu de l'entrée. Un hublot est installé dans la descente d'escalier. Il y apporte la lumière du jardin en faisant écho à la courbe de la cloison et à la découpe des marches.

L'arrondi de la cloison de la cage favorise le déploiement de l'escalier dans l'entrée.

Depuis le nouveau palier, la vue embrasse toute l'entrée.

L'escalier menant au jardin.

L’escalier présente désormais un volume cohérent avec l’entrée.

11 m², trois fonctions"

Les jeunes mariés utilisent la deuxième chambre de leur appartement comme pièce « à tout faire ». Ils souhaitent l'aménager en chambre d'enfant tout en conservant sa première destination. Comment les satisfaire ? Depuis que Gaëlle et Jean-Michel se sont installés dans leur trois-pièces de 56 m², chacun a investi cette chambre selon ses besoins. Elle est désormais occupée par un bureau et plusieurs meubles dont deux armoires et une commode. Mais dans l'attente d'un heureux événement, ils sont résolus à affecter définitivement la pièce à leur enfant, pour autant, ils ne veulent pas renoncer au bureau, ni aux penderies. Le nouvel agencement devra donc intégrer de quoi assurer trois fonctions : chambre, bureau et rangements.

AVANT

Une pièce inutilisée qui s'est transformée au fil du temps en capharnaüm où se juxtaposent des fonctions diverses : rangements, bureau, stockage.

LE PROJET

Créer trois espaces différenciés, répondant chacun à un usage : bureau et penderie, chambre, et espace rangements derrière le bureau.

L'INTERVENTION

SCINDER LA PIÈCE EN TROIS ESPACES. Cette surface relativement faible, 11 m², suppose de se séparer des armoires trop volumineuses. La pièce est cloisonnée en deux parties inégales. La plus grande, la future chambre, intègre la seule fenêtre du lieu et se prolonge par un couloir-dressing. Ce cloisonnement a créé une antichambre pouvant aisément accueillir le bureau surmonté de placards de rangement, et dans la continuité, une penderie. Celle-ci, implantée face à la porte d'entrée de la pièce d'origine, est équipée d'une porte pourvue d'une paroi vitrée translucide. Le vitrage, éclairé depuis l'intérieur par un tube fluorescent, diffuse une lumière indirecte dans cette partie bureau. Celle-ci reçoit aussi la lumière du jour par une ouverture vitrée pratiquée dans la cloison la séparant de la chambre d'enfant. La création de deux cloisons a permis de concevoir ici trois espaces imbriqués, mais bien différenciés, répondant aux fonctions souhaitées pour cette petite surface.

Le bureau reçoit la lumière naturelle en second jour grâce à l'ouverture vitrée créée dans la cloison le séparant de la chambre.

Dans la chambre, le rideau chocolat dissimule la penderie.

Le vitrage de la porte coulissante de la penderie (ouverte à gauche, fermée à droite), est rétro-éclairé afin d'apporter une source de lumière secondaire et une sensation de volume à cet espace réduit.

L'espace bureau surmonté de ses rangements est logé entre la penderie et la chambre d'enfant.

Vue de l’antichambre-bureau depuis le couloir distribuant cette pièce.

Je déjeune face à un mur”

L’appartement de Cécile a deux grands défauts : une cuisine tout en longueur peu plaisante et une circulation contraignante dans un séjour mal agencé. Comment gommer ces inconvénients ? La longue cuisine étroite de Cécile la contraint à déjeuner face à un mur. Un comble, car son appartement vaste et lumineux bénéficie, dans la pièce à vivre mitoyenne, de grandes baies vitrées, de larges balcons et d’une vue agréable sur un jardin verdoyant. Par ailleurs, la jeune femme, qui éprouve des difficultés à se mouvoir suite à un problème de santé, souhaiterait dégager son salon un peu encombré afin de pouvoir y circuler plus facilement.

AVANT

Le coin déjeuner au fond de la cuisine-couloir mitoyenne du séjour. À gauche, l’entrée, petite et sombre.

LE PROJET

Jouer une transparence totale entre la cuisine et le séjour.

L'INTERVENTION

CRÉER UNE CLOISON VITRÉE. Remplacer par un vitrage le mur séparant la cuisine du séjour s'avère la solution la plus simple et la plus efficace. En procédant ainsi, la cuisine bénéficie désormais de la luminosité et de la vue arborée de la pièce à vivre tout en restant un espace clos. Côté séjour et longeant la cloison vitrée, l'installation d'un faux plafond équipé de plusieurs spots va accroître, le soir venu, la qualité de la lumière artificielle dans cette zone comprenant un canapé utilisé comme coin lecture. Quant à la circulation dans l'appartement, elle est entravée par quelques meubles en trop, et une entrée qui mériterait d'être largement ouverte sur la pièce à vivre. Décloisonner partiellement le vestibule va accroître l'espace dédié au séjour. Cette opération, complétée par la création d'un module de bibliothèque et le repositionnement des deux éléments existants, libère en effet l'espace, engendrant ainsi une circulation beaucoup plus aisée.

Je déjeune face à un mur"

Depuis le coin repas, vue dégagée sur le séjour et son balcon.

UNE VERRIÈRE TYPE ATELIER

Supprimer une cloison opaque pour la remplacer par une paroi vitrée apporte au lieu une source importante de lumière naturelle. Elle lui offre également de nouvelles perspectives en l'intégrant dans un espace plus vaste.

Ce procédé est adapté aux cuisines sombres ou étriquées qui se trouvent ainsi désenclavées, sans pâtir des inconvénients relatifs aux lieux ouverts, odeurs de cuisine ou nuisances sonores des appareils électroménagers. Cette solution peut aussi s'appliquer aux cloisons chambre-salle de bains, notamment lorsque cette pièce est aveugle afin de lui procurer un éclairage en second jour. Ce type d'ouvrage, traditionnellement réalisé en métal, peut aussi bien être conçu en médium, option permettant une économie de l'ordre de 50 %. Dans ce cas, pour obtenir l'effet métallique, il suffit de recouvrir bâtis et montants avec une peinture métallisée type Hammerite.

Détail de la cloison vitrée, légèrement rehaussée pour dissimuler les câbles d'alimentation.

La cuisine participe au décor du salon tout en le préservant des nuisances d'une cuisine ouverte.

Distinguer salon et salle à manger”

Olivier butte sur l’agencement de sa pièce à vivre. Cette grande pièce compose un rectangle à l’intérieur duquel les espaces salon et salle à manger sont si peu définis qu’ils donnent une impression de provisoire. À juste titre, car Olivier peine à élaborer ces deux zones qu’il voudrait distinctes, chacune avec sa propre ambiance. Pour l’heure, la table ronde de la cuisine semble un peu perdue là où elle est installée, devant la paroi vitrée de la cuisine. Quant au canapé et au fauteuil de la partie salon, leur volume est trop imposant. Ils occupent les deux tiers de l’espace, en semblant s’être échoués ici par hasard.

L’INTERVENTION

STRUCTURER LA PIÈCE. La cloison la plus longue du séjour pâtit d’une série d’ouvertures disparates : les panneaux du placard coulissant encadrés de profils d’aluminium doré, typiques des années 1970, la double porte séparant la pièce à vivre de l’entrée, XIXe siècle, et le vitrage dépoli de la cuisine. Privilégier ce dernier élément d’esprit contemporain permet

AVANT
Un séjour aux ouvertures et au mobilier hétérogènes.

LE PROJET

Uniformiser les murs par un rideau et organiser l'ameublement de la pièce.

d'apporter au lieu la personnalité qui lui manque. Habillé de films translucides orange et rouges, ce vitrage, éclairé depuis le sol de la cuisine par deux tubes fluorescents, diffusera une lumière chaleureuse et festive dans cette partie de la pièce à vivre. L'endroit devient idéal pour y créer le coin salon. L'installation d'un rideau sur l'ensemble de la cloison jusqu'à la cheminée gomme la juxtaposition inesthétique des portes et masque la bibliothèque. Ce drap de coton grège qui augmente la sensation d'espace participe à la nouvelle ambiance de cette seconde partie du séjour destinée à la salle à manger. La table ronde est remplacée par un modèle rectangulaire structurant l'espace plus nettement. En harmonie avec la teinte sable du rideau, l'aspect et la couleur de son bois brut cérusé produit l'unité souhaitée. La pièce comprend désormais deux lieux distincts et équilibrés, un séjour joyeusement coloré et une salle à manger à l'ambiance feutrée.

Détail de la cloison vitrée habillée des vitrophanies colorées qui lui confèrent une plus grande présence dans la pièce.

Le rideau assure l'homogénéité de la pièce en dissimulant ses différentes ouvertures et rangements.

HABILLER UNE CLOISON

Recouvrir une cloison d'un rideau permet à moindre coût d'unifier un lieu en gommant tout élément nuisible à l'ambiance souhaitée. Cette opération dont la mise en œuvre est simple et rapide produit une atmosphère feutrée et accueillante en créant un mouvement et un effet de matière sur la paroi. Elle est parfaite pour matérialiser une zone de la pièce à vivre comme c'est le cas ici pour la salle à manger, qui apparaît immédiatement comme un espace plus convivial.

Côté salle à manger, la lampe sur pied et les appliques apportent une lumière directe.

Côté salon, la verrière rétro-éclairée privilégie un éclairage indirect.

Distinguer salon et salle à manger"

La table basse du salon est constituée d'un piètement composé de 36 bouteilles d'eau minérale réunies par un fil de pêche tressé. Son plateau de verre (100 cm x 100 cm) est percé en son centre afin d'y installer un bouquet.

Des appliques murales pour théâtraliser le rideau.

Le séjour comprend maintenant un salon en angle pouvant recevoir six personnes confortablement.

Fermez-moi cette entrée !”

Carine souhaiterait cloisonner son entrée donnant directement sur le séjour. Comment intervenir ? Une fois ouverte, la porte d'entrée de cet appartement de 66 m² laisse découvrir la totalité de la pièce à vivre. Ainsi, les habitants de l'immeuble qui attendent l'ascenseur sur le palier ont-ils une vue plongeante sur ce séjour. Et il en est de même pour le voisin, ou l'inconnu, qui sonne à la porte. Carine a le sentiment d'être potentiellement exposée à la vue de tous. Un désagrément auquel elle aimerait remédier pour bénéficier d'une réelle intimité.

L'INTERVENTION

UNE PAROI MODULABLE. Il est tout d'abord nécessaire d'inverser le sens d'ouverture de la porte palière. Au lieu d'exposer le séjour, cette nouvelle configuration dévoilera cette fois la partie de l'appartement qui lui est opposée, soit le dégagement menant à la cuisine, une zone moins privative. Mais procéder de la sorte contraint de supprimer la penderie installée ici. Elle est

AVANT

La vue plonge sur le canapé, lorsque la porte palière est ouverte. Et une fois fermée, cette porte d'entrée s'impose beaucoup trop dans le coin salle à manger.

LE PROJET

Isoler le séjour de l'entrée en évitant d'avoir recours à la traditionnelle double porte.

remplacée par un meuble bas faisant office de vide-poche et de placard à chaussures. Dans ce cas de figure, cloisonner l'entrée à proprement parler nous semble préjudiciable, l'option consistant à installer une paroi modulable apparaît plus rationnelle. Fermer le séjour par une cloison et une porte, fût-elle double, risque en effet d'étouffer le lieu. La solution adoptée est moins radicale et plus souple. La paroi est composée de deux panneaux, des cadres d'acier sur lesquels un tissu enduit translucide est tendu. L'un pivote, l'autre coulisse. En position ouverte, ce dispositif laisse à la pièce son volume d'origine. Une fois fermé, il clôt l'espace, mais en préservant toutefois une échappée visuelle. Celle-ci est renforcée par une nouvelle mise en couleur du mur reliant le séjour à l'entrée, des bandes de gris-bleu qui étirent cet espace en établissant une continuité entre les deux pièces.

Depuis l'entrée, cette cloison modulable laisse deviner le séjour sans le révéler.

LES TYPES D'OUVERTURES

Le choix d'une porte se résume souvent à celui de son modèle le plus courant comprenant un vantail battant opaque. Cette décision mériterait pourtant d'être réfléchie au cas par cas, selon le lieu et l'usage attendu de cette paroi mobile. Il existe en effet bien d'autres solutions que la porte battante, ne serait-ce que la porte coulissante encastrée dans la cloison. La porte peut également se passer d'imposte pour être toute hauteur. C'est l'option choisie pour l'entrée de Carine. Les deux parois sont ici complémentaires, elles isolent sans obstruer, assumant le double rôle de porte et de claustra.

Détail du textile : du Batyline, produit souvent employé pour les assises de chaises longues. Ce tissu translucide est lessivable et imputrescible.

Le panneau de gauche coulisse et celui de droite est un vantail ouvrant qui se rabat contre le mur.

Ouvertes, les parois mobiles occupent un volume moindre qu'une double porte traditionnelle.

Détail du rail.

Les deux portes s'emboîtent par deux pattes scellées de part et d'autre du cadre.

Détail de la poignée.

Le motif de
la peinture assure
la continuité visuelle
entre le séjour
et l'entrée.

Rythme des rayures
qui animent le mur du séjour
et ceux de l'entrée
en intégrant la porte palière
qui tend à disparaître.

Le dispositif laisse intact le volume de la pièce.

Doubler l'espace"

L'appartement de Sibylle et Olivier leur semble exigu, ses petites pièces étouffent le lieu. Comment procéder pour libérer l'espace ?

Cette surface de 50 m² est convenablement structurée. Son entrée principale dessert, à droite, la partie nuit avec la chambre et sa salle de bains et, à gauche, la partie jour comprenant la cuisine, le salon et un petit bureau mitoyen. Cette surface morcelée ne leur convient pas. La cuisine est aveugle et minuscule. Quant au bureau, il est sous-utilisé alors que la surface du séjour est insuffisante pour recevoir une table de salle à manger.

L'INTERVENTION

DÉCLOISONNER LES PIÈCES. Supprimer la cloison séparant le séjour du bureau apparaît comme la solution qui s'impose. L'unité du lieu n'en pâtira pas, au contraire, ces deux pièces disposant de portes-fenêtres parfaitement identiques qui

AVANT
Une cuisine de 4 m², un bureau de 6 m² et un séjour de 12 m²...

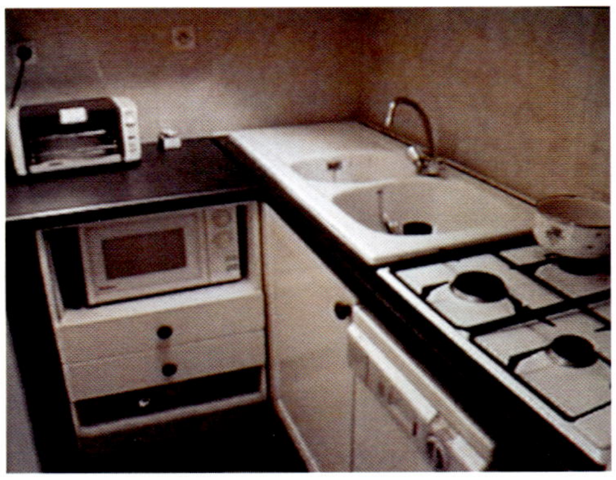

LE PROJET

Supprimer ou découper les cloisons pour obtenir une sensation d'espace.

s'ouvrent sur le balcon. La cuisine aussi mérite d'être ouverte de façon à la faire bénéficier de la lumière du jour. Remplacer la cloison de l'entrée fermant le séjour par une demi-cloison va encore accroître le sentiment d'espace. La salle à manger peut ainsi trouver sa place dans une partie de l'ancien bureau. L'espace salon est matérialisé par une peinture bleu clair lumineuse. La cuisine décloisonnée est peinte dans un orange saumoné réchauffant l'ambiance générale. Considérablement amplifiée, la perspective de la pièce se poursuit désormais jusqu'à l'entrée dont la demi-cloison satisfait une fonction pratique de vide-poche. Visuellement, l'unification des différents lieux confère une nouvelle dimension à cette pièce à vivre. L'espace est décongestionné et la superficie semble avoir doublé.

L'avancée du faux plafond répond au sol carrelé de la cuisine.

Raccord du carrelage existant avec le parquet.

Seul le soubassement de la cloison de l'entrée a été conservé. Surmonté d'un plateau en médium peint, il fait office de vide-poche.

Le faux plafond permet de traiter la cuisine comme une « boîte » ouverte sur le séjour.

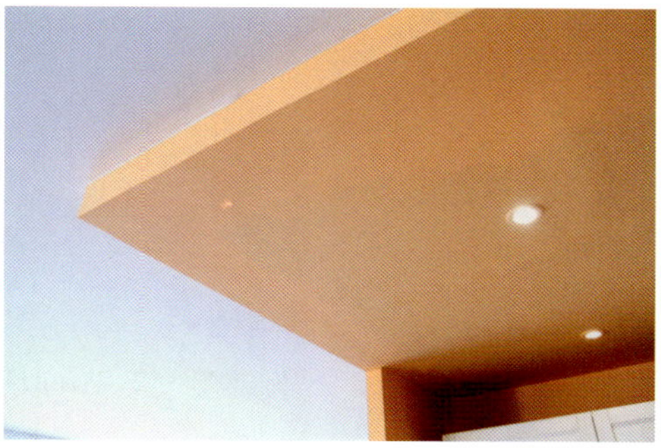

L’agencement du coin salon tourne le dos à la cuisine.

Les seules cloisons conservées dans la cuisine sont celles qui masquaient les flancs du réfrigérateur et des éléments bas.

On ne veut pas dormir dans une chambre d'enfant !"

Vanessa et son compagnon souhaitent changer radicalement l'ambiance de leur chambre. En emménageant dans leur nouvelle maison, le jeune couple a choisi pour chambre une pièce vaste et très lumineuse, mais flanquée d'un papier peint blanc à rayures bleues et d'une frise d'angelots. Si la décoration de cette ancienne chambre d'enfant les fait sourire, elle ne leur convient pas du tout, sa luminosité est éblouissante et son acoustique déplorable. Ils envisagent un lieu plus apaisant et plus intime.

AVANT

Un lit d'adultes dans une chambre d'enfant dégarnie.

LE PROJET

Créer une ambiance intime et exotique.

L'INTERVENTION

CRÉER UN COCON. Le lit bas qui semble un peu perdu dans cette grande pièce est remplacé par un modèle plus haut dans un bois sombre. Quant au pan de mur auquel il est adossé, il apparaît nécessaire d'en tirer parti pour organiser la chambre. Cette surface est habillée d'un large paravent de bois tressé faisant office de tête de lit. À sa base, l'installation d'un néon dissimulé permettra de diffuser une douce lumière indirecte. Au plafond, l'installation d'une tenture retombant sur les murs va théâtraliser le lieu. Ce dais simulant une tente apporte l'intimité souhaitée, un sentiment accru par le choix d'une teinte de peinture chaude et profonde, un rouge sang de bœuf. La pose d'un tapis au pied du lit va contribuer à réduire la sonorité de la pièce. Devant la fenêtre, un store à lattes de bois module la lumière du jour. La pièce a retrouvé les qualités attendues d'une chambre d'adulte avec une touche d'exotisme.

Le ciel de lit en toile est maintenu par des rubans noués à des tubes fixés au plafond.

Les deux chevets créent un éclairage direct, pour la lecture.

Le tube fluorescent installé en plinthe éclaire le paravent en contre-jour, pour les câlins.

“On ne veut pas dormir dans une chambre d’enfant!

Une tente berbère
pour les jeunes amoureux.

Ce séjour n'a aucun caractère"

Installés depuis peu dans un nouvel appartement, Sophie et Laurent souhaitent aménager leur double séjour pour pallier une ambiance jugée fade et sans chaleur. Le mobilier provenant de leur ancien logement leur paraît inadapté au lieu, un peu perdu dans l'espace. Il est vrai que la cloison séparant la salle à manger du salon ayant été abattue, la pièce est désormais très vaste. Malheureusement, elle demeure scindée par un morceau de cloison qui n'a pu être supprimé car il soutient les radiateurs. Et cette « verrue » ne contribue pas non plus à l'unité souhaitée.

L'INTERVENTION

SUPPRIMER LE MOBILIER AU PROFIT D'ÉLÉMENTS INTÉGRÉS.

Couvrir d'un rideau la plus longue paroi de ce séjour va immédiatement lui apporter une unité et un caractère. Tel qu'il se présente en effet, son grand mur percé de fenêtres disparates produit une impression d'inachevé. Une sensation redoublée par les éléments hétérogènes installés dans la partie salle à

AVANT

Une accumulation de meubles et une cloisonnette centrale recevant les radiateurs.

LE PROJET

Créer un meuble adapté à la dimension de la pièce et tirer parti du vestige de cloison.

manger : une bibliothèque, un meuble d'ordinateur et une table de télévision. Ce mobilier disséminé sur deux cloisons mérite d'être remplacé par des éléments sur mesure : un jeu d'étagères filant sur la quasi-totalité du mur, un long caisson bas muni de tiroirs qui fera console pour accueillir la télévision et enfin un bureau, moins haut et plus sobre, sur lequel l'ordinateur trouvera naturellement sa place. Une fois peints ton sur ton, ces éléments s'intégreront harmonieusement dans le volume de la pièce. La petite cloison supportant les deux radiateurs est hélas inamovible. Compte tenu de son volume et de sa situation centrale dans la pièce, tenter de la masquer relève de la mission impossible. L'option choisie adopte donc le parti pris inverse. Elle sera mise en valeur, habillée d'un caisson composé de parois translucides et équipée de tubes fluorescents. Métamorphosé en luminaire, ce vestige de cloison participe désormais pleinement à l'unité du séjour en lui apportant un éclairage homogène.

Les étagères de bibliothèque filent sur toute la paroi et, en retour, un bureau à tiroirs accueille l'ordinateur.

Un rideau unifie les deux parties de la pièce. La cloisonnette supportant les radiateurs est conservée, équipée de tubes fluorescents et habillée de parois translucides pour créer un luminaire à l'échelle de la pièce.

L'élément bas de la bibliothèque fait office de large console recevant aussi le téléviseur.

“Ce séjour n’a aucun caractère”

Les meubles existants ont disparu et la surface de rangement a doublé.

Accéder à la terrasse est une expédition”

Maurice a transformé la cour de sa maison en oasis verdoyante. Les plantes prospèrent partout, y compris sur une terrasse d’accès dangereux. Comment le sécuriser ? La maison est nichée dans un fond de cour. Ce lieu atypique, composé d’une partie contemporaine et d’une autre plus ancienne, s’est métamorphosé au fil du temps. Passionné de jardinage, Maurice passe ses loisirs à faire des boutures et à choyer ses plantes. Elles envahissent la cour jusqu’à la terrasse de sa chambre au premier étage. Or celle-ci dispose d’un accès extérieur rudimentaire : une simple échelle et une passerelle instable dépourvue de rambarde. Dans ces conditions, l’arrosage quotidien devient périlleux.

L’INTERVENTION

UN ESCALIER « ATELIER DE JARDINAGE ». Coincé entre le mur extérieur de la cuisine et un abri de jardin, l’endroit où Maurice a posé son échelle est, hélas, le seul possible pour créer un escalier. Ce petit coin où le jardinier fabrique son compost,

AVANT

L’accès à la terrasse se fait par une échelle de chantier. À l’étage, une traverse d’échafaudage relie deux corps de bâtiment.

LE PROJET

Organiser un accès à la terrasse sécurisé et créer un atelier de jardinage pour le stockage des boutures et du compost.

stocke ses pots et cultive ses boutures laisse un espace exigu pour accéder à la terrasse. Faute de place, la pente de l'escalier sera donc assez raide. Cependant, pour optimiser l'installation au mieux, certaines de ses marches sont prolongées pour faire office d'étagères. C'est ici qu'il pourra entreposer son matériel de jardinage. L'escalier à structure métallique est composé de marches en caillebotis, tout comme la passerelle reliant à l'étage la terrasse à un autre corps du bâtiment. Ces éléments d'aspect industriel cadrent avec la partie contemporaine de la maison. La passerelle est équipée d'un garde-corps identique à celui de la terrasse. Sa rambarde est constituée de bambou, bois composant également la rampe de l'escalier, au diapason de l'esprit champêtre des lieux. Cette terrasse, auparavant dépendante de la chambre du propriétaire, est désormais accessible aussi depuis le jardin en toute sécurité. Ainsi, cet endroit agréable est maintenant très fréquenté. Utilisé comme salon de plein air, il a trouvé une nouvelle vie.

"Accéder à la terrasse est une expédition"

Pour éviter l'humidité, la structure de l'escalier, en métal laqué, n'est pas en contact avec le sol. Inaltérable, le treillis galvanisé constituant les marches et la passerelle laisse passer l'eau de pluie.

Des câbles tendus complètent la sécurité des garde-corps.

La prolongation de trois marches de l'escalier permet l'aménagement d'un petit atelier de jardinage dans ce recoin un peu laissé à l'abandon.

Discret, l'accès à la terrasse se fond dans la végétation.

Remerciements

Question Maison sur France 5
produit par Sacha Production (Jean-Marc Frantz).

Grazie a te Bruno.

Mamanpapachristinenathaliefrédéric,
Andrée, René et Philippe,
merci pour tout.

À ma bonne équipe...
Maja, Rix, Matts et Jean-Michel.

Merci Francis pour le pied à l'étrier.
Marie-Pierre et Manuel...
Promis, je serai à l'heure
au prochain repérage !
Patrice et Françoise,
Muriel et Cécile.

Merci à toi François Xavier
et à tes marathoniens de la construction.
Merci pour tes petites mains Magalie
et tes battoirs Joël.

Et aussi :
Cab-3D, Modular, Ambiance Lumière,
Labo 4, Conceptua, Dom,
Francis Rebondy et la Seigneurie
Fleur de Kookyse et ses stickers.

Merci Anne, Sandra
et toute l'équipe de Sixty France
pour votre énergie.

Jacques Merighi (France 5).

Un grand merci à tous les propriétaires
présents dans ce livre.

Et enfin, merci à France 5
et au parrain de Question Maison, Leroy Merlin.

LEROY MERLIN

...et vos envies prennent Vie !

Table